वास्तविक सफलता को प्राप्त करना और समझना

(सफलता के मंत्र)

लेखक

अरविंद चंद कटोच

(www.arvindkatoch.com)

ISBN-13: 979-8900239651

पुस्तक के बारे में

यह पुस्तक अरविंद कटोच (जो पिछले *22* वर्षों से ब्लॉग लिख रहे हैं) के ब्लॉगों पर मूल रूप से प्रकाशित लेखों का एक भावपूर्ण संकलन है। प्रत्येक लेख को सफलता के विषय की अधिक सूक्ष्म, गहन और व्यापक पड़ताल प्रस्तुत करने के लिए सोच-समझकर विस्तारित और पुनर्गठित किया गया है। व्यक्तिगत चिंतन से शुरू हुई यह पुस्तक अब एक सुसंगत मार्गदर्शिका के रूप में विकसित हुई है—जो पाठकों को एक सफल जीवन जीने के वास्तविक अर्थ पर एक ताज़ा और सशक्त दृष्टिकोण प्रदान करती है। इस समृद्ध संग्रह के माध्यम से, हमारा उद्देश्य सफलता की पारंपरिक धारणाओं से हटकर अधिक उत्थानकारी और व्यक्तिगत रूप से सार्थक व्याख्याओं की ओर प्रेरित करना है।

विषय-सूची

प्रस्तावना

आज की दुनिया में, हम अक्सर बाहरी मान्यता से परिभाषित सफलता के एक संस्करण के पीछे भागते हैं। हम दूसरों की नज़रों से अपनी कीमत मापते हैं—तालियों, अनुमोदन और तुलना से। और ऐसा करते हुए, हम अपने आंतरिक दिशासूचक यंत्र से कटने लगते हैं।

नतीजतन, कई लोग अपनी असली उपलब्धियों को पहचानने में नाकाम रहते हैं। वे अपनी व्यक्तिगत जीत को सिर्फ़ इसलिए नज़रअंदाज़ कर देते हैं क्योंकि दुनिया ने उनकी उतनी ज़ोरदार सराहना नहीं की। दुख की बात है कि कुछ लोग अपने अंतिम दिनों तक इस अपर्याप्तता के एहसास को अपने साथ रखते हैं, यह मानते हुए कि उन्होंने व्यर्थ ही जीवन जिया, जबकि वास्तव में, उन्होंने जीवन को छुआ, संघर्षों से गुज़रे और गरिमा के साथ विकसित हुए।

जीवन में सचमुच खुश रहने के लिए, हमें इस दृष्टिकोण को बदलना होगा। यह दूसरों को प्रभावित करने के बारे में नहीं है—यह खुद को अभिव्यक्त करने के बारे में है। असली संतुष्टि तब मिलती है जब हम एक ऐसा जीवन रचते हैं जो हमारे जुनून, मूल्यों और आंतरिक आनंद के साथ प्रतिध्वनित होता है, चाहे दूसरे इसे कैसे भी देखें।

जब हम अपनी शर्तों पर जीना शुरू करते हैं—वह करते हैं जो हमें शांति, उद्देश्य और उत्साह देता है—तो हम सफलता के एक गहरे आयाम को खोलते हैं। यह सफलता ट्रॉफियों या लाइक्स से नहीं, बल्कि प्रामाणिकता, संतोष और स्वयं के प्रति सच्चे होने के शांत गर्व से मापी जाती है।

जीवन के आनंद को अपनी सफलता की परिभाषा का मार्गदर्शक बनने दें। क्योंकि अंततः, वही जीवन सबसे ज़्यादा मायने रखता है जो अंदर से बाहर तक अच्छा लगता है।

इस पुस्तक में, मैं आपको सफलता के वास्तविक सार को समझने के लिए ज़रूरी विषयों पर पाठों की एक सावधानीपूर्वक तैयार की गई श्रृंखला के माध्यम से मार्गदर्शन करूँगा। प्रत्येक पाठ यह बताने के लिए तैयार किया गया है कि असली सफलता धन और प्रसिद्धि के सीमित दायरे से कहीं आगे तक जाती है। इन अंतर्दृष्टियों से जुड़कर, आप न केवल वित्तीय सुरक्षा प्राप्त करेंगे, बल्कि सफलता के एक गहरे, अधिक सार्थक रूप को भी प्राप्त करेंगे—एक ऐसा रूप जो आपको जीवन को उन तरीकों से पूरी तरह से अपनाने में सक्षम बनाता है, जो दुर्भाग्य से, बहुत से लोग कभी अनुभव नहीं करते। मुझे विश्वास है कि इन पृष्ठों में साझा किया गया ज्ञान आपको पारंपरिक सफलता के मानकों से मुक्त होने और एक ऐसे जीवन की ओर ले जाने में सक्षम बनाएगा जो वास्तव में संतुष्टिदायक हो।

आज, सफलता दुनिया भर में सबसे अधिक मांगे जाने वाले आदर्शों में से एक बन गई है। लगभग हर किसी की सफल होने की इच्छा होती है, जिसके लिए वह एक गहन, अक्सर अथक प्रयास करता है। हालाँकि, सफलता एक ऐसी अवधारणा है जिसका अलग-अलग लोगों के लिए अलग-अलग अर्थ होता है। कुछ लोगों के लिए, यह धन, करियर में उन्नति और सामाजिक मान्यता के इर्द-गिर्द घूमती है। दूसरों के लिए, यह व्यक्तिगत जुनून की खोज, एक सुखी पारिवारिक जीवन की स्थापना, या दुनिया पर सकारात्मक प्रभाव डालना हो सकता है।

शब्दकोश के अनुसार, सफलता की परिभाषा इस प्रकार है:

"कोई व्यक्ति या वस्तु जो इच्छित लक्ष्य प्राप्त करती है या प्रसिद्धि, धन आदि प्राप्त करती है।"

लेकिन सफलता के बारे में मेरा दृष्टिकोण इस सीमित परिभाषा से कहीं अधिक गहरा है। मेरे लिए, सच्ची सफलता केवल वित्तीय स्थिरता या सामाजिक प्रतिष्ठा प्राप्त करने से कहीं अधिक है। इसमें आंतरिक खुशी, अच्छा स्वास्थ्य, मन की शांति, अपने दिल की सुनना और अपने आसपास की दुनिया के साथ सामंजस्य बिठाना शामिल है। हालाँकि धन, प्रतिष्ठा और पेशेवर सफलता जैसे पारंपरिक मानदंड महत्वपूर्ण हैं, लेकिन ये अकेले स्थायी संतुष्टि नहीं ला सकते। ऐसी दुनिया में जहाँ वित्तीय सुरक्षा वास्तव में महत्वपूर्ण है, यह आवश्यक है—परंतु पर्याप्त नहीं—एक सच्चा सफल जीवन सुनिश्चित करने के लिए। केवल धन से सच्ची खुशी नहीं खरीदी जा सकती, और कई लोग, अपनी संपत्ति के बावजूद, अभी भी अधूरापन महसूस करते हैं।

आधुनिक समाज में सबसे आम गलतियों में से एक है धन पर अत्यधिक ज़ोर, जिसके कारण कई लोग सफलता को केवल वित्तीय लाभ के संदर्भ में परिभाषित करते हैं। जब धन ही अंतिम लक्ष्य बन जाता है, तो लोग कभी-कभी ऐसे चुनाव कर लेते हैं जिनसे उनके जीवन के अन्य क्षेत्रों पर असर पड़ता है। धन की अथक खोज में, वे दोस्तों, परिवार और यहाँ तक कि अपने भीतर के आत्म से भी संपर्क खो सकते हैं। जीवन के महत्वपूर्ण पहलू - जैसे स्वास्थ्य, मन की शांति और सार्थक रिश्ते - अक्सर उपेक्षित कर दिए जाते हैं, भले ही वे वास्तविक सफलता प्राप्त करने के लिए आवश्यक तत्व हों।

कई साल पहले, मुझे व्यक्तिगत रूप से गंभीर स्वास्थ्य चुनौतियों का सामना करना पड़ा, जिनकी वजह से मैं जीवन का पूरा आनंद नहीं ले पा रहा था। उन कठिन समयों में, मैं अक्सर खुद को प्रार्थना करते हुए पाता था, अपनी सारी भौतिक उपलब्धियों को अच्छे स्वास्थ्य के उपहार के लिए त्यागने को तैयार। इस अनुभव ने मुझे एक अनमोल सबक सिखाया: स्वास्थ्य एक संपूर्ण जीवन की नींव है, और इसके बिना, सच्ची सफलता दूर रहती है। स्वास्थ्य में न केवल शारीरिक तंदुरुस्ती, बल्कि मानसिक शांति भी शामिल है,

इसलिए स्वस्थ आदतों को प्राथमिकता देना और ऐसे विकल्पों से दूर रहना ज़रूरी है जो स्वास्थ्य को खतरे में डाल सकते हैं।

आजकल बहुत से लोग वित्तीय लक्ष्यों के पीछे भागते हैं, लेकिन ऐसी जीवनशैली अपना लेते हैं जिसका उनके स्वास्थ्य पर नकारात्मक प्रभाव पड़ता है। नतीजतन, लाखों लोग अब गलत जीवनशैली विकल्पों से जुड़ी स्वास्थ्य समस्याओं से जूझ रहे हैं। सरल, सचेत आदतें अपनाना—जैसे जल्दी उठना, नियमित नींद का समय बनाए रखना, और आत्म-देखभाल के लिए समय निकालना—बहुत बड़ा बदलाव ला सकता है। अच्छी नींद, खास तौर पर, अमूल्य है; पर्याप्त आराम के बिना, जीवन एक चुनौतीपूर्ण यात्रा बन जाता है। दुर्भाग्य से, बहुत से लोग अनिद्रा जैसी नींद की समस्याओं से पीड़ित होते हैं और अक्सर राहत पाने के लिए दवाओं का सहारा लेते हैं।

स्वास्थ्य के अलावा, यह पुस्तक व्यक्तिगत विकास और सार्थक सफलता के लिए अन्य आवश्यक तत्वों को भी शामिल करेगी। आप ऐसे बहुमूल्य कौशल सीखेंगे जो न केवल आपकी आकांक्षाओं को प्राप्त करने में आपकी मदद करेंगे, बल्कि आपके चरित्र और निष्ठा को भी विकसित करेंगे जो दूसरों के मन में सम्मान और प्रशंसा जगाती हैं।

इस पुस्तक में मैं जो कुछ भी साझा करूँगा, वह मेरे अपने जीवन के अनुभवों से लिया गया है। इन पाठों ने मुझे बाधाओं से पार पाने में मार्गदर्शन किया है और एक अधिक संतुलित व्यक्ति बनने में मदद की है। मुझे आशा है कि यह पुस्तक आपके लिए एक व्यापक मार्गदर्शक के रूप में काम करेगी, जिससे आप एक सर्वांगीण, कुशल और वास्तव में संतुष्ट व्यक्ति बन सकेंगे जो सच्ची सफलता के सार को समझता है।

जब हम खुद को समझने के लिए समय निकालते हैं, तो हमें इस बात की स्पष्टता मिलती है कि हम जीवन से असल में क्या चाहते हैं। हर व्यक्ति की अपनी अलग इच्छाएँ, आकांक्षाएँ और ज़रूरतें होती हैं, इसलिए यह ज़रूरी है कि हम आँख मूँदकर दूसरों के बताए रास्तों पर न चलें, बल्कि वही करें जो सचमुच आपके दिल से जुड़ता हो। जैसे ही आप इस सफ़र पर निकलेंगे, मैं आपको सफलता की अपनी परिभाषा तलाशने के लिए प्रोत्साहित करूँगा, जो आपके व्यक्तित्व के साथ मेल खाती हो और आपको उद्देश्य और आनंद के साथ जीवन जीने में मदद करे।

अस्वीकरण: मैंने यह किताब पूरी ईमानदारी और अपनी समझ के अनुसार लिखी है। हालाँकि मैंने सटीकता और स्पष्टता के लिए प्रयास किया है, फिर भी कभी-कभी गलतियाँ हो सकती हैं—अनजाने में और मानवीय—जिन्हें सामने आने पर मैं ख़ुशी-ख़ुशी सुधारूँगा। (Send suggestion or point error @ arvindkatoch@arvindkatoch.com)

यह किताब मेरी निजी यात्रा का प्रतिबिंब है, जो इस सफ़र में मिले अनुभवों, सीखों और अंतर्दृष्टि से आकार लेती है। यहाँ साझा किए गए विचार और सुझाव इस उम्मीद के साथ दिए गए हैं कि ये आपको अपने रास्ते पर आगे बढ़ने के लिए प्रेरित या सहारा देंगे।

कहने का मतलब है, आपका जीवन आपको ही आकार देना है। आप इस पुस्तक के किसी भी भाग को स्वीकार करने, उस पर प्रश्न उठाने या उसे नज़रअंदाज़ करने के लिए स्वतंत्र हैं। इन पृष्ठों में कुछ भी थोपने या निर्देश देने के लिए नहीं है—केवल चिंतन को आमंत्रित करने के लिए है। अगर कुछ आपको पसंद आता है, तो मैं आभारी हूँ। अगर नहीं, तो मैं आपके अपने रास्ते पर चलने के फ़ैसले का सम्मान करता हूँ।

1 - अच्छा स्वास्थ्य

इस अध्याय में, हम जीवन के सबसे गलत समझे जाने वाले पहलू को समझेंगे। आज की तेज़-तर्रार दुनिया में, सफलता को अक्सर धन, प्रसिद्धि, रुतबे और सम्मान से मापा जाता है। ये प्रतीक हमारी बातचीत, हमारे लक्ष्यों और यहाँ तक कि हमारे मूल्यबोध पर भी हावी रहते हैं। लेकिन क्या हो अगर सफलता का मतलब कुछ और हो—कुछ ज़्यादा समृद्ध, ज़्यादा व्यक्तिगत और अंततः, ज़्यादा स्थायी?

इन अध्यायों के माध्यम से, हम सफलता की एक गहरी व्याख्या का अन्वेषण करेंगे—जो बाहरी उपलब्धियों से परे जाकर व्यक्तिगत कल्याण, आंतरिक शांति और भावनात्मक संतुष्टि के दायरे में उतरती है। असली सफलता सिर्फ़ बाहरी दुनिया में आपकी उपलब्धियों के बारे में नहीं है; यह आपके भीतर के अदृश्य आयामों को पोषित करने के बारे में है। और इस गहरी सफलता के मूल में एक अक्सर अनदेखा किया जाने वाला आधार निहित है: **स्वास्थ्य**। अच्छे स्वास्थ्य के बिना, बड़ी से बड़ी उपलब्धियाँ भी अपना अर्थ खो देती हैं। हम भले ही सबसे ऊँचे पहाड़ों पर चढ़ गए हों, लेकिन अगर हमारा शरीर और मन उस दृश्य का आनंद लेने के लिए बहुत थके हुए हैं, तो क्या हम सचमुच सफल हुए हैं?

क्या आपने कभी किसी गंभीर बीमारी या स्वास्थ्य संकट का सामना किया है?

अगर आपने ऐसा किया है, तो आप पहले से ही जानते हैं कि स्वास्थ्य आपके जीवन के हर पहलू पर कितना गहरा प्रभाव डालता है। और अगर आपने ऐसा नहीं किया है, तो इस सच्चाई की गंभीरता को समझने में समय लग सकता है—और कभी-कभी कठिनाई भी। दुर्भाग्य से, सफलता की हमारी अथक खोज में, कई लोग प्रशंसा और आय के बदले अपने स्वास्थ्य का बलिदान कर देते हैं। बाद में, जब अप्रत्याशित चिकित्सा आपात स्थिति या पुरानी समस्याओं का सामना करना पड़ता है, तब ही इसकी असली कीमत स्पष्ट रूप से समझ में आती है। उस समय, धन का कोई भी स्तर दुख को मिटा नहीं सकता, और अक्सर, केवल कुछ ही प्रियजन हमारे साथ इस तूफ़ान में साथ चलने के लिए होते हैं।

जीवन नाज़ुक है। समय सीमित है। हमें सार्थक जीवन जीने, गहराई से प्यार करने और अपने प्रयासों का फल भोगने के लिए बस कुछ ही साल दिए जाते हैं। अगर सफलता की दौड़ हमें हमारी शारीरिक और मानसिक सेहत से वंचित कर देती है, तो हमने जो हासिल किया है वह केवल एक भ्रम है। सच्ची सफलता हमें पोषित करती है, हमें क्षीण नहीं करती।

भारत के आईटी क्षेत्र के एक प्रमुख व्यक्ति की कहानी पर विचार करें—एक ऐसे व्यक्ति जिसकी उल्लेखनीय उपलब्धियाँ और व्यापक सम्मान है। चालीस की उम्र तक पहुँचते-पहुँचते उन्होंने एक साम्राज्य खड़ा कर लिया था, अपार धन अर्जित कर लिया था, और एक उद्योग को आकार देने में महत्वपूर्ण भूमिका निभाई थी। लेकिन एक रात, एक होटल के कमरे में अकेले, दिल का दौरा पड़ने से उनकी मृत्यु हो गई। त्रासदी यहीं खत्म नहीं हुई—उनका निजी जीवन बहुत पहले ही बिखर चुका था। उनकी जीवनसाथी अलग हो चुकी थी, उनके माता-पिता का देहांत हो

चुका था, और उनकी अपार संपत्ति अछूती और लावारिस रह गई थी। उनके पास सब कुछ था—फिर भी, अंत में, उनका कोई नहीं रहा। जिस सफलता के लिए उन्होंने इतनी मेहनत की थी, वह एक एकाकी स्मारक बन गई थी, जिसमें खुशी और संगति का कोई स्पर्श नहीं था।

यह हृदय विदारक कहानी हमें याद दिलाती है कि सफलता तब अपना मूल्य खो देती है जब हम उसे जीने के लिए मौजूद नहीं होते—या जब हम उसे दूसरों के साथ साझा करने की क्षमता खो देते हैं। स्वास्थ्य हमें स्पष्ट निर्णय लेने, गहरे संबंध बनाने और छोटी-छोटी खुशियों की भी कद्र करने की शक्ति देता है। फिर भी, अक्सर लोग इसका महत्व तभी समझ पाते हैं जब यह हमसे दूर होने लगती है।

स्वास्थ्य प्राप्ति की गारंटी कभी नहीं होती, चाहे आपके पास सबसे अच्छे डॉक्टर हों या आपके पास सबसे बड़ा बैंक खाता हो।

एक प्रसिद्ध कहावत है जो इस सच्चाई को समेटे हुए है: "पहले, लोग धन कमाने के लिए अपने स्वास्थ्य का त्याग करते हैं। फिर, वे अपना धन अपने स्वास्थ्य को पुनः प्राप्त करने की कोशिश में खर्च कर देते हैं।"

इन शब्दों को अपने अंदर गूँजने दें।

इस संदेश को साझा करने का मेरा उद्देश्य महत्वाकांक्षा को हतोत्साहित करना नहीं, बल्कि उसे नया रूप देना है। अपने लक्ष्यों का पीछा करें। साहसपूर्वक सपने देखें। कड़ी मेहनत करें। लेकिन सफलता को कभी भी आत्म-देखभाल को छोड़ने के औचित्य के रूप में इस्तेमाल न करें। शारीरिक स्वास्थ्य और मानसिक स्पष्टता का अटूट संबंध है। यदि आप मजबूत, केंद्रित और वास्तव में संतुष्ट रहना चाहते हैं, तो अपने स्वास्थ्य का पोषण करना आपकी यात्रा

का हिस्सा होना चाहिए - न कि इसका एक उप-भाग।

मैं अपनी कहानी के ज़रिए इस बात को और स्पष्ट करना चाहूँगा—एक ऐसा अनुभव जिसने सफलता की मेरी समझ को हमेशा के लिए बदल दिया। मैंने *2003* में लिखना और ब्लॉगिंग शुरू की। जल्द ही, मेरे काम ने गति पकड़ ली। मैंने कई अमेरिकी वेबसाइटों के साथ मिलकर ऐसे लेख और सामग्री तैयार की जो पाठकों को पसंद आए। लेकिन अलग-अलग समय क्षेत्रों के कारण, मेरे काम अक्सर रात में होते थे। लगभग एक दशक तक, मैं एक उलटी लय में जी रहा था—जब दुनिया सो रही थी तब काम करता था और जब सूरज चमक रहा था तब सोता था।

हालांकि आर्थिक लाभ प्रचुर थे, लेकिन मेरे स्वास्थ्य पर इसका बहुत बुरा असर पड़ा। मेरे खाने-पीने की आदतें बिगड़ गईं। मेरी नींद उथली और अनियमित हो गई। आखिरकार, मुझे उच्च रक्तचाप हो गया और मैं भावनात्मक तनाव का सामना करने लगा। सिर्फ़ पाँच सालों में, मैंने अपने परिवार के चार करीबी सदस्यों को खो दिया। इस दुःख ने, मेरे बिगड़ते स्वास्थ्य के साथ मिलकर, मुझे गहरे अवसाद में धकेल दिया। मेरी उत्पादकता गिर गई। मेरा जुनून फीका पड़ गया। मेरी आय कम हो गई। और इससे भी ज़्यादा दुखद बात यह थी कि मुझे दो बार अस्पताल में भर्ती होना पड़ा।

ऐसी ही एक आपात स्थिति में, एक निजी अस्पताल ने मेरी हालत की गंभीरता का हवाला देते हुए मुझे भर्ती करने से इनकार कर दिया। कई दिनों तक मेरा इलाज चला। घर लौटने के बाद, मुझे एहसास हुआ कि मैं कितना कमज़ोर हो गया था। मुझे चलने में भी तकलीफ़ हो रही थी। मैं गाड़ी नहीं चला पा रहा था। यहाँ तक कि कंप्यूटर पर बैठकर टाइप करना—जो कभी आसान काम था—लगभग नामुमकिन हो गया था।

वे महीने शांत चिंतन और दर्द से भरे थे। मेरे टेस्ट के नतीजों ने एक कठोर तस्वीर पेश की: कैल्शियम और विटामिन डी का खतरनाक रूप से निम्न स्तर, जिसकी जड़ मेरे सालों भर रात में काम करने और धूप की कमी थी। मुझे पता था कि अब बदलाव का समय आ गया है—सचमुच बदलाव का। धीरे-धीरे, मैंने अपने जीवन को पुनर्गठित किया: जल्दी उठना, रोज़ाना टहलना, नियमित व्यायाम करना, फाइबर युक्त भोजन करना, रात *10* बजे से पहले सोना और जंक फूड को पूरी तरह से त्याग देना।

यह आसान नहीं था। लेकिन दो-तीन सालों में, मैं बदल गया। मेरा स्वास्थ्य वापस आ गया। मेरी आत्मा पुनर्जीवित हो गई। और मेरा नज़रिया—जो कभी उत्पादकता और आउटपुट पर केंद्रित था—संतुलन और आत्म-देखभाल की ओर स्थानांतरित हो गया। आज, मैं पूरी तरह से जीता हूँ। कृतज्ञतापूर्वक। उद्देश्यपूर्ण ढंग से।

इस बदलाव के माध्यम से, **मैंने एक शाश्वत सत्य सीखा: स्वास्थ्य हर सार्थक अनुभव का आधार है।** इसके बिना, सफलता खोखली हो जाती है। इसके साथ, छोटी-छोटी जीत भी गहरी लगती हैं।

बहुत से लोग स्वास्थ्य के वास्तविक मूल्य को तब तक नहीं पहचान पाते जब तक बहुत देर न हो जाए। जिस तरह एक मशीन तभी काम कर सकती है जब उसके सभी पुर्जे अच्छी स्थिति में हों, उसी तरह हम जीवन का पूरा अनुभव और आनंद तभी ले सकते हैं जब हमारा शरीर और मन स्वस्थ हों। जैसे-जैसे हमारी उम्र बढ़ती है, स्वास्थ्य संबंधी चुनौतियाँ स्वाभाविक रूप से सामने आती हैं, जिससे वे काम करना मुश्किल हो जाता है जो कभी युवावस्था में आसानी से किए जा सकते थे। दुर्भाग्य से, ज़्यादातर लोग अपने सबसे स्वस्थ और सबसे उत्पादक साल काम में ही बिता देते हैं, जिससे व्यक्तिगत संतुष्टि के लिए बहुत कम समय बचता है। जब तक वे सेवानिवृत्त होते हैं, तब तक लंबे समय से संजोए गए सपनों

को पूरा करने के लिए आवश्यक ऊर्जा और उत्साह अक्सर फीके पड़ जाते हैं, और अवसरों की खिड़की सिकुड़ जाती है।

आजकल ज़्यादातर नौकरियाँ बेहद माँग वाली हैं, जो लोगों पर भारी मानसिक और शारीरिक दबाव डालती हैं। कई प्रतिष्ठित कंपनियों में भी, कार्य संस्कृति में अक्सर सहानुभूति और संतुलन का अभाव होता है, जिससे कर्मचारियों का स्वास्थ्य बिगड़ता है। लगातार तनाव, अवास्तविक अपेक्षाएँ और लगातार दबाव कई तरह की शारीरिक बीमारियों और मानसिक स्वास्थ्य संबंधी जटिलताओं को जन्म देते हैं।

समाज वेतन, सुविधाओं और प्रभावशाली पदों का महिमामंडन करता है, जबकि एक शांतिपूर्ण और स्वास्थ्य के प्रति जागरूक कार्य वातावरण के महत्व को नज़रअंदाज़ कर देता है। स्वास्थ्य लाभ और भावनात्मक कल्याण को शायद ही कभी प्राथमिकता दी जाती है। मैंने सेल्स और मार्केटिंग में अपने सात सालों के दौरान खुद इसका अनुभव किया है—एक ऐसा दौर जो करियर से ज़्यादा एक बुरे सपने जैसा लगा। सिर्फ़ लक्ष्यों को पूरा करना ही मायने रखता था; आप उन्हें कैसे हासिल करते हैं, या इससे आपके स्वास्थ्य पर क्या असर पड़ता है, यह किसी की चिंता का विषय नहीं था।

इस मानसिकता को बदलने की ज़रूरत है। काम से जुड़े तनाव और बर्नआउट से जूझ रहे लोगों की बढ़ती संख्या को कम करने के लिए हमें इन मुद्दों पर ध्यान देना होगा। एक स्वस्थ कार्य संस्कृति न केवल उत्पादकता बढ़ाती है - बल्कि यह प्रत्येक व्यक्ति के शारीरिक और मानसिक स्वास्थ्य को भी पोषित करती है, तथा एक अधिक टिकाऊ और मानवीय व्यावसायिक परिदृश्य का निर्माण करती है।

जीवन में आराम करना सीखें

यदि कोई सचमुच एक लंबा और संपूर्ण जीवन चाहता है, तो विश्राम को एक सामयिक भोग के रूप में नहीं, बल्कि एक दैनिक आवश्यकता के रूप में अपनाना चाहिए। जब हम अपने शरीर को आराम देते हैं, तो हम उसकी प्राकृतिक क्षमता को सक्रिय करते हैं जिससे वह स्वस्थ हो जाती है, पुनर्जीवित होती है और बीमारियों से बचाव करती है। विश्राम कमज़ोरी नहीं है—यह स्थिरता में शक्ति है। फिर भी, आज की तेज़-रफ़्तार दुनिया में, हम तनाव, चिंता और भावनात्मक अशांति में चिंताजनक वृद्धि देख रहे हैं। यह आंतरिक अशांति बाहरी रूप से दीर्घकालिक स्वास्थ्य स्थितियों के रूप में प्रकट होती है: मधुमेह, उच्च रक्तचाप, इर्रिटेबल बाउल सिंड्रोम, अनिद्रा और यहाँ तक कि मानसिक विकार भी। क्या है समानता? एक ऐसा शरीर जो आराम करना भूल गया है।

तनाव, अगर अनियंत्रित छोड़ दिया जाए, तो हमें भीतर से नष्ट कर देता है। लगातार तनाव में रहने वाला शरीर अपनी जीवन शक्ति, अपना संतुलन और अंततः, परिस्थितियों का सामना करने की अपनी क्षमता खोने लगता है। दूसरी ओर, एक शांत शरीर उपजाऊ मिट्टी की तरह होता है—यह स्वास्थ्य, स्पष्टता और लचीलेपन को पोषित करता है।

इसलिए आराम, मौन और आंतरिक शांति के लिए जगह बनाना ज़रूरी है। हर अंग, हर कोशिका, और ख़ासकर मस्तिष्क, शांति के क्षणों में फलता-फूलता है। एक शांत मन न सिर्फ़ बेहतर सोचता है—बल्कि बेहतर महसूस भी करता है। एक शांत शरीर न सिर्फ़ बेहतर ढंग से गति करता है—बल्कि बेहतर उपचार भी करता है।

नींद प्रकृति की सबसे अनमोल औषधि है—एक पवित्र विराम जो मानव शरीर को पुनर्जीवित करता है। फिर भी, आज बहुत से लोग गहरी नींद लेने के लिए संघर्ष करते हैं, और उनका शरीर थकान और बेचैनी के चक्र में फँसा रहता है। ध्यान एक और रास्ता

प्रदान करता है—श्वास, शरीर और वर्तमान क्षण के साथ फिर से जुड़ने का एक सौम्य निमंत्रण। इसमें कोई आश्चर्य की बात नहीं है कि जो लोग नियमित रूप से ध्यान करते हैं, वे अक्सर शांति और स्पष्टता का अनुभव करते हैं। यहाँ तक कि साधारण अभ्यास—सुखदायक संगीत सुनना, प्रकृति में टहलना, या मौन में समय बिताना—भी गहन विश्राम प्रदान कर सकते हैं।

हर व्यक्ति को अपनी शांति का रक्षक स्वयं बनना होगा। भागदौड़ भरी दुनिया में, हमें स्थिरता का सम्मान करना सीखना होगा। एक शांत शरीर न केवल रोगों से मुक्त होता है—वह जीवन से भरपूर होता है। एक शांत मन न केवल शांत होता है—वह बुद्धिमान होता है। जब हम विश्राम को बढ़ावा देते हैं, तो हम न केवल अपनी आयु बढ़ाते हैं—हम उनके अर्थ को और गहरा करते हैं।

आपका मानसिक स्वास्थ्य भी महत्वपूर्ण है ।

भारत में, मानसिक स्वास्थ्य, खुशहाली के सबसे ज़्यादा नज़रअंदाज़ किए जाने वाले पहलुओं में से एक है। जहाँ लोग शारीरिक उपचारों पर बड़ी रकम आसानी से खर्च कर देते हैं, वहीं मानसिक स्वास्थ्य को अक्सर नज़रअंदाज़, गलत समझा जाता है, या पूरी तरह से नकार दिया जाता है। इस असंतुलन का मूल कारण जागरूकता का अभाव है। कई लोग अभी भी मानसिक स्वास्थ्य समस्याओं को वैध चिकित्सीय चिंताएँ नहीं मानते, उन्हें गंभीर स्वास्थ्य जोखिमों के बजाय मामूली गड़बड़ी या व्यक्तिगत कमज़ोरी मानते हैं।

इस अज्ञानता ने एक खतरनाक सांस्कृतिक अंध-बिंदु को जन्म दिया है। बढ़ते प्रमाणों और वैश्विक अध्ययनों से इस बात की पुष्टि होने के बावजूद कि मानसिक स्वास्थ्य विकार शारीरिक बीमारियों की तरह ही दुर्बल करने वाले हो सकते हैं। अवसाद, चिंता और

अन्य मनोवैज्ञानिक स्थितियाँ चुपचाप लाखों लोगों के जीवन को नष्ट कर रही हैं—फिर भी वे बंद दरवाजों के पीछे छिपी रहती हैं, अनकही और अनुपचारित।

शुक्र है कि जागरूकता बढ़ने लगी है। ज़्यादा लोग मदद मांग रहे हैं, मानसिक स्वास्थ्य विशेषज्ञों से सलाह ले रहे हैं, और भावनात्मक खुशहाली के महत्व को स्वीकार कर रहे हैं। लेकिन यह संख्या अभी भी बहुत कम है। कई क्षेत्रों में, लोग अंधविश्वास पर भरोसा करते हैं, मानसिक परेशानी के लिए अलौकिक शक्तियों या काले जादू को ज़िम्मेदार ठहराते हैं।

उनका मानना है कि उनकी पीड़ा का कारण बुरी आत्माएँ हैं, न कि मनोवैज्ञानिक असंतुलन। वास्तव में, ऐसे लगभग *99%* मामले उपचार योग्य मानसिक स्वास्थ्य विकार होते हैं—ऐसी स्थितियाँ जिन्हें उचित चिकित्सा मार्गदर्शन से प्रबंधित और ठीक किया जा सकता है।

हालिया रिपोर्टों के अनुसार, भारत में अवसाद बढ़ रहा है, जिसका मुख्य कारण बदलती जीवनशैली, शहरी तनाव और सामाजिक अलगाव है। चिंताजनक आँकड़े बताते हैं कि हर चौथा व्यक्ति इससे प्रभावित हो सकता है। यह सिर्फ़ एक स्वास्थ्य संकट नहीं है—यह एक चेतावनी है। हमें मानसिक स्वास्थ्य को शारीरिक स्वास्थ्य की तरह ही गंभीरता से लेना शुरू करना होगा। क्योंकि मानसिक स्वास्थ्य के बिना शारीरिक स्वास्थ्य अधूरा है।

अब समय आ गया है कि हम चुप्पी तोड़ें, कलंक को मिटाएँ, और स्वास्थ्य के बारे में एक अधिक समग्र दृष्टिकोण अपनाएँ—जो शरीर और मन दोनों का सम्मान करता हो। तभी हम सचमुच कह सकते हैं कि हम स्वस्थ हैं।

सफलता की गलत धारणा

आज की दुनिया में, जीवनशैली से जुड़ी बीमारियाँ चुपचाप बढ़ रही हैं—और इस महामारी के मूल में सफलता की एक गहरी दोषपूर्ण धारणा छिपी है। समाज अक्सर सफलता को आराम और नियंत्रण से जोड़ता है: एक ऐसे व्यक्ति की छवि जो डेस्क पर बैठा है और आदेश दे रहा है, जबकि शारीरिक परिश्रम को कमतर या अनावश्यक मानकर नज़रअंदाज़ कर दिया जाता है। यह धारणा, हालाँकि व्यापक रूप से स्वीकृत है, खतरनाक रूप से भ्रामक है।

कई युवा अब कड़ी मेहनत से कतराते हैं, शारीरिक या खेत-आधारित श्रम को अपने से नीचे की चीज़ समझते हैं। फिर भी, किसी भी प्रकार के सार्थक काम में संलग्न होना—चाहे हाथों से हो या बुद्धि से—शक्ति, अनुशासन और विकास की एक शक्तिशाली अभिव्यक्ति है। कड़ी मेहनत असफलता का प्रतीक नहीं है; यह क्षमता का उत्सव है।

मोटापा पहले ही एक व्यापक संकट बन चुका है, और इसकी संख्या लगातार बढ़ रही है—खासकर युवाओं में। लेकिन यह समस्या अस्वास्थ्यकर आहार या निष्क्रियता से कहीं अधिक गहरी है। हमारी मानसिकता ही विषाक्त होती जा रही है। धन संचय करने की हमारी दौड़ में, हमने स्वास्थ्य के मूल आधारों को दरकिनार कर दिया है: गति, सचेतनता, संतुलन और आत्म-देखभाल।

हम पैसे के पीछे ऐसे भागते हैं मानो वह सब कुछ हल कर देगा, यह भूल जाते हैं कि सच्ची समृद्धि में शारीरिक स्फूर्ति और मानसिक शांति शामिल है। सिर्फ़ आर्थिक सफलता की चाहत में डूबा जीवन अक्सर शरीर को स्वास्थ्य से वंचित और मन को संतुष्टि से वंचित कर देता है।

अब समय आ गया है कि हम अपनी सफलता की परिभाषा को

नए सिरे से परिभाषित करें। ऐसा जीवन जिएँ जो प्रयास को महत्व दे, स्वास्थ्य का सम्मान करे, और महत्वाकांक्षा और कल्याण के बीच संतुलन बनाए रखे। क्योंकि एक स्वस्थ जीवनशैली के बिना, हर सांसारिक लाभ अपनी चमक खो देता है।

एक बार स्वास्थ्य से समझौता हो जाने पर, अच्छा स्वास्थ्य आसानी से वापस नहीं मिलता। यह एक नाज़ुक ख़ज़ाना है, जिसकी अक्सर तब तक कद्र नहीं की जाती जब तक कि यह हाथ से न निकल जाए—और दुख की बात है कि अब हम छोटे बच्चों को भी पीड़ित होते हुए देख रहे हैं और कुछ हृदयविदारक मामलों में, दिल के दौरे जैसी बीमारियों से अपनी जान गँवा रहे हैं।

यह सिर्फ़ एक चिकित्सा संकट नहीं है; यह एक चेतावनी है। सफलता का हमारा वर्तमान मॉडल—जो धन, आराम और प्रतिष्ठा पर केंद्रित है—अक्सर उन तत्वों को दरकिनार कर देता है जो हमें जीवित और फलते-फूलते रखते हैं। हम उन लोगों की प्रशंसा करने लगे हैं जो डेस्क के पीछे बैठते हैं और दूसरों को काम सौंपते हैं, जबकि शारीरिक श्रम और सक्रिय जीवनशैली को संघर्ष या निम्न स्थिति का संकेत समझ लिया जाता है।

लेकिन सच्ची सफलता वास्तविकता में निहित होनी चाहिए।

हमें एक अधिक जमीनी दृष्टिकोण अपनाने की ज़रूरत है—ऐसा दृष्टिकोण जो गतिशीलता, लचीलेपन और प्रयास को सम्मान दे। शारीरिक परिश्रम कोई सज़ा नहीं है; यह एक विशेषाधिकार है और जीवन शक्ति का मार्ग है। चाहे खेत हों, स्टूडियो हों या रसोई, अपने शरीर को उद्देश्यपूर्ण कार्यों में लगाना हमारे स्वास्थ्य को स्वस्थ और हमारी आत्मा को जीवंत बनाए रखता है।

आधुनिक सफलता की दौड़ में, हम अक्सर जीवन शक्ति के मूल आधार—सूर्य का प्रकाश, ताज़ी हवा, गति और आराम—को

ही त्याग देते हैं। विडंबना यह है कि हम पूरा साल प्रदूषित शहरी इलाकों में, ज़हरीले वातावरण में साँस लेते हुए, बिताते हैं, और फिर कुछ हफ़्तों के लिए पहाड़ी इलाकों में भाग जाते हैं, इस उम्मीद में कि प्रकृति महीनों की उपेक्षा से जमा हुई गंदगी को साफ़ कर देगी। लेकिन उपचार कोई सप्ताहांत की छुट्टी नहीं है—यह जीवन के साथ एक दैनिक संवाद है।

हम घर के अंदर रहने वाले प्राणी बन गए हैं, इतना कि विटामिन डी की कमी अब दुर्लभ नहीं रही—यह एक आम बात हो गई है। हमारे शरीर, जो धूप में और पेड़ों के बीच पनपने के लिए बने थे, अब कृत्रिम वातावरण में संघर्ष कर रहे हैं। उत्पादकता के पीछे भागते हुए हमने सुविधा के लिए कल्याण का व्यापार कर दिया है, और यह भूल गए हैं कि सच्ची सफलता केवल धन से नहीं, बल्कि शरीर, मन और प्रकृति के बीच सामंजस्य से मापी जाती है।

अच्छी तरह जीने का मतलब है समझदारी से जीना। अपनी साँसों को वापस पाएँ। धूप में कदम रखें। प्रकृति को अपनी रोज़मर्रा की दवा बनाएँ, न कि कभी-कभार। क्योंकि स्वास्थ्य कोई विलासिता नहीं है—यह वह मिट्टी है जिससे हर दूसरी समृद्धि पनपती है।

आइए अपनी कहानी फिर से लिखें—जहाँ सफलता सिर्फ़ इस बारे में नहीं है कि हम क्या कमाते हैं, बल्कि इस बारे में है कि हम कितनी अच्छी ज़िंदगी जीते हैं।

अंत में, जैसे-जैसे आप अपने सपनों का पीछा करते हैं और महानता की ओर बढ़ते हैं, इस बात का ध्यान रखें: अपने स्वास्थ्य की रक्षा करें। इसकी पूरी तरह से रक्षा करें। क्योंकि सच्ची सफलता सिर्फ़ मील के पत्थर हासिल करने के बारे में नहीं है—बल्कि उन्हें जीने के बारे में है। उन्हें महसूस करने के बारे में है। और उन्हें अपने प्रियजनों के साथ साझा करने के बारे में है।

जो सफलता आपकी भलाई की कीमत पर मिलती है, वह बिल्कुल भी सफलता नहीं है। इस पुस्तक को एक ऐसे जीवन के निर्माण में अपना साथी बनाएँ जो न केवल सफल हो—बल्कि जीवंत भी हो।

2 - अच्छे संबंध

पिछले अध्याय में, हमने सच्ची सफलता और संतुष्टि की आधारशिला के रूप में स्वास्थ्य के महत्व की जाँच की थी। हमने यह समझा कि अपने शारीरिक और मानसिक स्वास्थ्य का ध्यान रखना कोई गौण काम नहीं, बल्कि एक आधार है—जो हमें अपने लक्ष्यों को दृढ़ता से प्राप्त करने और जीवन के अनुभव का सच्चा आनंद लेने में सक्षम बनाता है। महत्वाकांक्षाओं से भरा जीवन, चाहे कितना भी चकाचौंध भरा क्यों न हो, उसे अच्छी तरह जीने की जीवंतता के बिना अपना अर्थ खो देता है।

अब, हम अपना ध्यान सार्थक जीवन के एक और समान रूप से आवश्यक स्तंभ पर केंद्रित करते हैं: **रिश्ते**। आधुनिक युग में, मानवीय संबंधों की मज़बूती धीरे-धीरे कम होती जा रही है। लोगों के लिए दूसरों के साथ शांतिपूर्वक सह-अस्तित्व बनाए रखना कठिन होता जा रहा है, और वे बंधन जो कभी परिवारों, समुदायों और दोस्ती को मज़बूत करते थे, अब निरंतर व्यस्तता, डिजिटल भटकाव और बढ़ते व्यक्तिवाद के दबाव में कमज़ोर पड़ रहे हैं।

जहाँ स्वास्थ्य जीवन को पूरी तरह से जीने की ऊर्जा और क्षमता प्रदान करता है, वहीं रिश्ते भावनात्मक गहराई, उद्देश्य और अपनेपन की भावना लाते हैं। फिर भी, आज कई लोग पारस्परिक

सद्भाव की कीमत पर व्यक्तिगत सफलता के पीछे भागते हैं। स्वतंत्रता, प्रतिस्पर्धा और आत्मनिर्भरता का जश्न मनाने वाली दुनिया में, सामूहिक भावना अक्सर भुला दी जाती है। नतीजतन, हम एक ऐसी पीढ़ी देख रहे हैं जो जुड़ाव के साधनों से घिरी हुई है, फिर भी अभूतपूर्व स्तर के अकेलेपन, अविश्वास और भावनात्मक अलगाव से जूझ रही है।

यह अध्याय रिश्तों की उस गहन भूमिका पर गहराई से विचार करने का आह्वान करता है—न केवल हमारे जीवन को समृद्ध बनाने में, बल्कि हमें स्थिर रखने में भी। क्योंकि जिस प्रकार स्वास्थ्य शरीर को स्वस्थ रखता है, उसी प्रकार रिश्ते आत्मा को पोषित करते हैं।

जहाँ स्वास्थ्य जीवन को पूर्ण रूप से जीने के लिए ऊर्जा और क्षमता प्रदान करता है, वहीं रिश्ते उद्देश्य, जुड़ाव और भावनात्मक समृद्धि प्रदान करते हैं। मज़बूत रिश्तों को विकसित करने के महत्व को समझकर, हम समझ सकते हैं कि स्वस्थ, शांतिपूर्ण और संतुलित जीवन के लिए उनमें निवेश करना क्यों आवश्यक है। स्वास्थ्य की तरह, रिश्तों को अक्सर तब तक कम करके आंका जाता है जब तक कि वे चुनौतियों का सामना न करने लगें या बिगड़ने न लगें।

आज की तेज़-तर्रार दुनिया में, लोग करियर में उन्नति, वित्तीय सफलता और व्यक्तिगत उपलब्धियों पर अधिक ध्यान केंद्रित कर रहे हैं। यह अथक प्रयास अक्सर उनके रिश्तों को पोषित करने की कीमत पर आता है, जिससे सार्थक बातचीत के लिए बहुत कम समय बचता है। कई लोग खुद को पेशेवर सफलता से घिरा हुआ पाते हैं, फिर भी अकेलेपन और अलगाव की गहरी भावना महसूस करते हैं। उनके पास अपनी खुशियाँ साझा करने, अपने संघर्षों से निपटने और जीवन की उपलब्धियों का जश्न मनाने के लिए आवश्यक सहायक संबंधों का अभाव होता है।

मेरा बचपन सिर्फ़ लम्हों से नहीं, बल्कि टूटे रिश्तों की परछाइयों से भी गढ़ा गया था। मैंने जो भावनात्मक उथल-पुथल देखी, वह सिर्फ़ शोर नहीं थी— वह एक तूफ़ान था जिसने अमिट निशान छोड़ दिए। ये अनसुलझे संघर्ष मेरे व्यक्तित्व में समा गए, जिससे भरोसा एक दूर की विलासिता जैसा लगने लगा। मुझे अक्सर शर्मीला या अंतर्मुखी कहा जाता था, लेकिन बहुत कम लोग समझ पाए कि मेरी खामोशी मेरे स्वभाव से नहीं, बल्कि भावनात्मक ज़ख्मों से पैदा हुई थी।

दुर्भाग्य से, मैं अकेला नहीं हूँ। कई बच्चे ऐसे माहौल में पले-बढ़े हैं जहाँ प्यार की जगह बहसें ले लेती हैं, और गर्मजोशी पर ठंडी उदासीनता हावी हो जाती है। ये शुरुआती अनुभव दुनिया और खुद को देखने के हमारे नज़रिए को आकार देते हैं। इसलिए मेरा मानना है कि बच्चों को स्वस्थ और सम्मानजनक रिश्तों से भरा एक पोषित माहौल देना हमारी पवित्र ज़िम्मेदारी है। कोई भी बच्चा लगातार लड़ाई-झगड़े, झिड़कियों या ज़हरीली गपशप के बीच बड़ा होने का हक़दार नहीं है।

अच्छे रिश्ते सिर्फ़ भावनात्मक विलासिता नहीं होते—वे एक संतुष्ट जीवन की नींव होते हैं। आज की दुनिया में, रिश्तों की समस्याएँ इतनी आम हो गई हैं कि अब अलगाव ही एक समाधान बन गया है। लोग मेलजोल की बजाय एकांत को चुन रहे हैं, और लोगों की बजाय पालतू जानवरों में सुकून पा रहे हैं—क्योंकि पालतू जानवर किसी को जज नहीं करते, परेशान नहीं करते, या धोखा नहीं देते। यह बदलाव एक बड़ा संकेत है: हमें एक-दूसरे के साथ अपने संबंधों पर पुनर्विचार करने की ज़रूरत है।

अब समय आ गया है कि मात्रा की बजाय गुणवत्ता को प्राथमिकता दी जाए। हमें भीड़ की नहीं, बल्कि मंडलियों की ज़रूरत है। कम लोग, गहरे रिश्ते। ऐसे रिश्ते जो उत्थान करें, थकाएँ नहीं। उत्कृष्टता की खोज में, आइए हम मानव होने के सार को न भूलें: जुड़ाव, सहानुभूति और दयालुता। क्योंकि अंततः, यह

केवल महानता प्राप्त करने के बारे में नहीं है - यह उस मार्ग पर ऐसे दिलों के साथ चलने के बारे में है जो हमें समझते हैं।

सच तो यह है कि रिश्ते हमारी खुशी और भावनात्मक कल्याण का आधार होते हैं। जब इन्हें नज़रअंदाज़ किया जाता है, तो ये एक ऐसा खालीपन छोड़ जाते हैं जिसे कोई भी पैसा या पेशेवर सफलता नहीं भर सकती। रिश्ते स्थिर नहीं होते; उन्हें निरंतर प्रयास, ध्यान और देखभाल की आवश्यकता होती है।

फिर भी, यह आम ग़लतफ़हमी बनी रहती है कि ये खुद का ख्याल रखेंगे। नतीजतन, लोग अक्सर पदोन्नति और वित्तीय लाभ जैसी मापनीय उपलब्धियों पर ध्यान केंद्रित करते हैं, जबकि जीवन के उन अमूर्त लेकिन गहन संतुष्टिदायक पहलुओं को दरकिनार कर देते हैं जो प्रियजनों के साथ मज़बूत रिश्तों को बढ़ावा देने से मिलते हैं।

कल्पना कीजिए कि आप पेशेवर सफलता के शिखर पर पहुँच गए हैं, और आपको पता चला कि उस पल को साझा करने के लिए आपके साथ कोई नहीं है। आज की दुनिया में कई लोग इसी सच्चाई का सामना कर रहे हैं। सफलता की तलाश, हालाँकि सराहनीय है, लेकिन रिश्तों की कीमत पर नहीं होनी चाहिए। मज़बूत रिश्ते हमें अपनेपन का एहसास, भावनात्मक लचीलापन और एक नया नज़रिया देते हैं।

ये हमें याद दिलाते हैं कि जीवन का मूल्य केवल हमारी उपलब्धियों में ही नहीं, बल्कि हमारे द्वारा बनाए गए संबंधों और दूसरों पर हमारे प्रभाव में भी निहित है।

भौतिक संपत्ति या पेशेवर उपलब्धियों के विपरीत, रिश्तों में मूलभूत मानवीय ज़रूरतों को पूरा करने की अनोखी क्षमता होती है। ये जीवन की चुनौतियों के दौरान साथ, भावनात्मक सहारा और विजय के क्षणों में साझा खुशी प्रदान करते हैं।

हालाँकि वित्तीय स्थिरता और करियर में तरक्की अपने आप में एक अलग ही आनंद लेकर आती है, लेकिन ये किसी स्नेही मित्र के स्नेह और सुरक्षा, किसी साथी के प्रोत्साहन या परिवार के निःस्वार्थ प्रेम की जगह नहीं ले सकतीं। ये रिश्ते हमारे जीवन में वह मानवीय पहलू प्रदान करते हैं जिसकी भरपाई कोई भी सफलता या धन नहीं कर सकता।

आज की दुनिया में, सार्थक रिश्तों का अभाव चुपचाप दुख के सबसे गहरे स्रोतों में से एक बनकर उभरा है। अकेलापन और भावनात्मक अलगाव चिंताजनक रूप से आम होता जा रहा है—विडंबना यह है कि ऐसे समय में जब तकनीक संपर्क में रहने के लिए पहले से कहीं ज़्यादा साधन उपलब्ध करा रही है। लोग डिजिटल रूप से घिरे हुए हैं, अक्सर सैकड़ों ऑनलाइन कनेक्शनों से, फिर भी कई लोग अपने ऑफलाइन जीवन में कुछ सच्चे सहयोगी रिश्ते भी ढूँढ़ने के लिए संघर्ष करते हैं। यह विरोधाभास एक गंभीर सच्चाई को उजागर करता है: वास्तविक जुड़ाव को सुविधा से प्रतिस्थापित नहीं किया जा सकता।

संचार की सहजता के बावजूद, मानवीय रिश्तों को परिभाषित करने वाली भावनात्मक गहराई अब कम होती जा रही है। बातचीत सतही हो गई है, सहानुभूति फीकी पड़ रही है, और उपस्थिति की जगह सूचनाओं ने ले ली है। हम निरंतर आभासी संपर्क के युग में जी रहे हैं, फिर भी सच्चा साथ अब भी दुर्लभ है। यह असंतुलन एक तात्कालिक आवश्यकता की ओर इशारा करता है—रिश्तों को प्राथमिकता देने और उन्हें अपने जीवन, प्रेम और विकास का एक सचेत, अभिन्न अंग बनाने का एक सौम्य लेकिन दृढ़ आह्वान।

रिश्तों को पोषित करना कोई निष्क्रिय कार्य नहीं है; इसके लिए सजगता, संवेदनशीलता और सोचे-समझे प्रयास की आवश्यकता होती है। इसका अर्थ है बिना किसी जल्दबाजी के सुनना, संघर्ष के क्षणों में शांत समर्थन प्रदान करना, और दूसरे की जीत का सच्ची खुशी के साथ जश्न मनाना। मज़बूत रिश्ते आपसी सम्मान, अटूट

विश्वास और समय के साथ बनी एक साझा भावनात्मक भाषा के माध्यम से बनते हैं। ये रिश्ते उपस्थिति, समझ और उपलब्ध रहने की इच्छा पर टिके होते हैं—न केवल शारीरिक रूप से, बल्कि भावनात्मक रूप से भी।

जब हम इन बंधनों में निवेश करते हैं, तो हम दूसरों को ऊपर उठाने से कहीं ज़्यादा करते हैं—हम खुद को भी ऊपर उठाते हैं। हम एक ऐसा माहौल बनाते हैं जहाँ सुख और दुःख दोनों साझा होते हैं, जहाँ विकास आपसी होता है, और जहाँ जीवन अधिक समृद्ध और सार्थक बनता है। ये संबंध हमारी सफलताओं में गर्मजोशी भरते हैं और हमारी परीक्षाओं में आराम प्रदान करते हैं। सच तो यह है कि वे एक संपूर्ण जीवन के सहायक नहीं हैं - वे उसका सार हैं।

इस चिंतन को एक शांत अनुस्मारक के रूप में लें: बिना जुड़ाव के सफलता खोखली है। और खुशी, असली खुशी, अक्सर उपलब्धियों के शोर के बजाय संगति के मौन भावों में मिलती है। लोगों को प्राथमिकता दें। अपने रिश्तों की रक्षा करें। और उन्हें एक अच्छे जीवन की ओर अपने सफ़र की धड़कन बनने दें।

आखिरकार, जीवन संतुलन के बारे में है। हालाँकि पेशेवर महत्वाकांक्षाएँ और वित्तीय लक्ष्य महत्वपूर्ण हैं, लेकिन उन्हें उन रिश्तों पर हावी नहीं होना चाहिए जो वास्तव में जीवन को जीने लायक बनाते हैं। अपने संबंधों को पोषित करने के लिए सक्रिय प्रयास करके—चाहे परिवार के साथ हों, दोस्तों के साथ हों, सहकर्मियों के साथ हों, या साझेदारों के साथ—हम एक ऐसा जीवन बना सकते हैं जो न केवल सफल हो, बल्कि बेहद संतोषजनक भी हो।

मजबूत, पोषित रिश्तों का अभाव केवल एक भावनात्मक कमी नहीं है—यह एक मौन संकट बन सकता है। हमारे समय की सबसे दुखद सच्चाइयों में से एक यह है कि जो लोग बाहरी रूप से सफल

दिखते हैं—चाहे धन, प्रसिद्धि या करियर की उपलब्धियों के मामले में—वे भी भीतर से संघर्ष कर रहे हो सकते हैं। शानदार प्रोफ़ाइल और प्रशंसाओं के पीछे, कई लोग गहरे अकेलेपन, अवसाद और दिल तोड़ने वाले मामलों में, आत्मघाती निराशा का सामना करते हैं।

यह एक गहन वास्तविकता को उजागर करता है: बिना जुड़ाव के सफलता अधूरी है। भौतिक उपलब्धियाँ, चाहे कितनी भी प्रभावशाली क्यों न हों, उस भावनात्मक पोषण की जगह नहीं ले सकतीं जो वास्तव में देखे जाने, महत्व दिए जाने और समर्थन से मिलता है। जिस जीवन में गर्मजोशी, समझ और मानवीय आत्मीयता का अभाव है, वह खोखला होने का जोखिम उठाता है, चाहे उसकी बाहरी प्रशंसा कितनी भी ऊँची क्यों न हो।

अच्छे रिश्तों में समय और ऊर्जा लगाना वैकल्पिक नहीं है—यह समग्र कल्याण के लिए आवश्यक है। यही वह है जो हमें तूफानों के आने पर सहारा देता है और जब हम महत्वपूर्ण पड़ाव पार करते हैं तो हमारी खुशियों को बढ़ाता है। मजबूत रिश्ते भावनात्मक जीवनरेखा की तरह काम करते हैं, जो हमें जमीन से जुड़े, लचीले और संतुष्ट रहने में मदद करते हैं।

सच्ची सफलता, अपने सबसे सच्चे रूप में, केवल सीढ़ियाँ चढ़ने के बारे में नहीं है—यह ऊपर उठते हुए दूसरों के साथ चलने के बारे में है। यह उन रिश्तों को पोषित करने के बारे में है जो हमारे दिनों को अर्थ और हमारे दिलों को शांति प्रदान करते हैं। हमें यह एहसास होने तक इंतज़ार नहीं करना चाहिए कि हम शीर्ष पर पहुँच गए हैं। आइए हम अच्छे रिश्ते बनाएँ, क्योंकि वे एक अच्छे जीवन की नींव हैं।

इस पाठ को एक अनुस्मारक के रूप में लें कि रिश्ते हमारी सबसे मूल्यवान संपत्तियों में से एक हैं। इनके लिए प्रयास की

आवश्यकता होती है, लेकिन ये जो पुरस्कार लाते हैं—प्यार, समर्थन और अपनेपन की भावना—अतुलनीय हैं। सफलता केवल व्यक्तिगत उपलब्धियों के बारे में नहीं है; यह एक ऐसे जीवन का निर्माण करने के बारे में है जो सार्थक संबंधों और साझा खुशियों से भरपूर हो। अपने रिश्तों में निवेश करने के लिए समय निकालें, और आप पाएंगे कि ये वास्तव में एक संपूर्ण जीवन की नींव हैं।

3 - मुस्कान का धन

इस अध्याय में, मैं आपको जीवन की सबसे सरल लेकिन सबसे गहरी आदतों में से एक से परिचित कराता हूँ—एक ऐसी आदत जो सच्ची सफलता की ओर हमारे सफ़र को बदलने की शक्ति रखती है। यह चार अक्षरों का शब्द है जो गर्मजोशी और संभावना का संचार करता है: **मुस्कुराहट**। अक्सर कम आँकी गई, एक सच्ची मुस्कान वो हासिल कर सकती है जो ताकत, तर्क या संघर्ष नहीं कर सकते। इसमें एक शांत शक्ति होती है जो नकारात्मकता को निष्क्रिय कर देती है और जहाँ शब्द विफल हो जाते हैं, वहाँ पुल बनाती है।

उन लोगों के बीच रहना जो उदासी को दूसरी त्वचा की तरह पहनते हैं, एक धीमी भावनात्मक घुटन जैसा महसूस हो सकता है। हमेशा तनावग्रस्त चेहरे, थकान या आक्रोश से धुंधली आँखें—ये नकारात्मकता के एक अदृश्य बादल को हवा में भारी रूप से मंडराते हुए प्रसारित करते हैं। यह सिर्फ़ खुशी की कमी नहीं है; यह प्रकाश का अभाव है। और उस अंधेरे में, एक सच्ची मुस्कान भी आशा की एक किरण बन जाती है।

फिर भी अजीब बात है कि मुस्कुराना—ऐसा कुछ जिसके लिए थोड़ा शारीरिक प्रयास की आवश्यकता होती है—आज की दुनिया में सबसे दुर्लभ संकेतों में से एक बन गया है। बिना शर्त

वाली मुस्कान लगभग विलुप्त हो चुकी है। हमने अपने भावों के चारों ओर अदृश्य दीवारें खड़ी कर ली हैं, मानो होठों का हर मोड़ एक कर के साथ आता हो। सामाजिक परिस्थितियों, व्यक्तिगत असुरक्षाओं और अनकही चिंताओं ने हमारे चेहरों को भावनात्मक स्थिरता में जकड़ दिया है। अब मुस्कान एक विशेषाधिकार की तरह लगती है—कुछ ऐसा जिसे अर्जित करना ही पड़ता है या विशेष अवसरों के लिए सुरक्षित रखना पड़ता है।

लेकिन ऐसा नहीं होना चाहिए।

स्वतंत्र रूप से दी गई मुस्कान एक मौन कविता है—यह स्वीकृति, शांति और गर्मजोशी की बात करती है। यह न केवल चेहरे को उज्ज्वल बनाती है; यह कमरे के भावनात्मक तापमान को भी बदल देती है। सूचना और शोर में डूबी दुनिया में, यह सरल कार्य, तूफानी बादलों को भेदती हुई सूर्य की रोशनी की तरह काम करता है। यह हमें मानवीय बनाता है।

हमें मुस्कुराहटों की कद्र करना सीखना चाहिए—न केवल उन्हें जो हम प्राप्त करते हैं, बल्कि उन्हें भी जो हम देते हैं। आध्यात्मिक मुद्रास्फीति के समय में ये भावनात्मक मुद्रा हैं। बिना किसी कारण के मुस्कुराना कड़वाहट के खिलाफ एक शांत विद्रोह है। और जब कोई आपकी ओर मुस्कुराता है, अपेक्षाओं के बोझ से मुक्त, तो इसे एक उपहार समझें: शुद्ध, शक्तिशाली और गहराई से मानवीय।

जीवन के अपने सफ़र में, मैं ऐसे कई लोगों से मिला हूँ जिनके पास भौतिक संपत्ति के मामले में बहुत कम था—लेकिन वे अपने साथ कुछ कहीं ज़्यादा अनमोल लेकर गए थे: एक सच्ची, खिली हुई मुस्कान।

ये मुस्कुराते चेहरे हमारे दिलों पर एक अमिट छाप छोड़ जाते हैं। पल बीत जाने और यादें धुंधली पड़ जाने के बाद भी, इन मुस्कुराहटों की गर्माहट ही हमारे भीतर ज़िंदा रहती है। हम शायद

ही कभी कठोर भावों या गुस्सैल चेहरों को याद रखना चुनते हैं; यह दयालुता की कोमल चमक ही है जो हमेशा बनी रहती है।

एक मुस्कान, भले ही साधारण हो, अपार शक्ति रखती है। यह मनोबल बढ़ा सकती है, दूरियाँ मिटा सकती है, और किसी व्यक्ति के जीवन को उन तरीकों से समृद्ध बना सकती है जो पैसा कभी नहीं कर सकता। लोग स्वाभाविक रूप से उन लोगों की ओर आकर्षित होते हैं जो शालीनता से मुस्कुराते हैं—यह जुड़ाव, विश्वास और खुशी को आमंत्रित करता है।

अंततः, एक शानदार मुस्कान केवल खुशी का प्रतिबिंब नहीं है—यह एक मौन उपहार है जो हम दुनिया को देते हैं, और जो अक्सर हमें कई गुना बढ़कर लौटता है।

दुनिया, कई मायनों में, हमारे अपने व्यवहार को दर्शाती है। जब हम इसे देखकर मुस्कुराते हैं, तो यह अक्सर उसी तरह प्रतिक्रिया देती है। एक अकेली, सच्ची मुस्कान ऊर्जा को बदल सकती है, धारणाओं को बदल सकती है, और जुड़ाव को जगा सकती है। फिर भी, अपनी तेज़-तर्रार, अस्त-व्यस्त दिनचर्या में, हम आनंद की इस सूक्ष्म कला को भूल जाते हैं। मुस्कुराने की आदत को फिर से खोजना केवल खुश दिखने के बारे में नहीं है—यह जीवन को खुलेपन से अपनाने के बारे में है। यह एक छोटा सा इशारा है जो गहरी संतुष्टि, गर्मजोशी और सफलता के एक दयालु रूप को उजागर करता है।

अपने और अपने आस-पास के लोगों के लिए, खुशी का सबसे सुलभ और कम आंका जाने वाला राज़ है बिना शर्त मुस्कुराना। ज़िंदगी में हर किसी को चुनौतियों और मुश्किलों का सामना करना पड़ता है; किसी की भी यात्रा दुःख या दर्द से रहित नहीं होती। ऐसी दुनिया में, मुस्कान गर्मजोशी और सकारात्मकता का एक शक्तिशाली स्रोत बन जाती है। कोई भी उदासी या नीरसता से घिरा

नहीं रहना चाहता, और हम स्वाभाविक रूप से उन लोगों की ओर आकर्षित होते हैं जो अक्सर मुस्कुराते रहते हैं।

चेहरे पर मुस्कान लाने से हमारा रूप-रंग भी बदल सकता है, जिससे हम ज़्यादा मिलनसार और दीप्तिमान दिखते हैं। जब आप इस बारे में सोचते हैं, तो आप किसे याद रखना चाहेंगे—एक खुशनुमा, सच्ची मुस्कान वाले व्यक्ति को या एक बेजान, भावहीन चेहरे वाले व्यक्ति को? इसका जवाब आसान है: हम उस व्यक्ति को ज़्यादा याद रखते हैं और उसके प्रति सकारात्मक भावना रखते हैं जो मुस्कुराता है। यही कारण है कि अपनी दिनचर्या में मुस्कान जोड़ने से एक परिवर्तनकारी प्रभाव पड़ सकता है। एक मुस्कान एक खूबसूरत, उत्साहवर्धक श्रृंखला बन सकती है जो हमारे आस-पास के लोगों को भी मुस्कुराने के लिए प्रेरित करती है।

एक मुस्कान हमें दूसरों के साथ सकारात्मक तरीके से जुड़ने में मदद करती है। यह गर्मजोशी और मित्रता का एक सार्वभौमिक संकेत है, जो दूसरों को यह संकेत देता है कि हम उन्हें देखकर खुश हैं और एक स्वागतपूर्ण माहौल बनाता है। न्यूटन के तीसरे नियम की तरह, जो कहता है कि "प्रत्येक क्रिया के लिए, एक समान और विपरीत प्रतिक्रिया होती है," एक सच्ची मुस्कान अक्सर हमारे आस-पास के लोगों से भी वैसी ही प्रतिक्रिया उत्पन्न कर सकती है।

हमारी मुस्कान जितनी अधिक सच्ची होगी, बदले में हमें हार्दिक मुस्कान मिलने की संभावना उतनी ही अधिक होगी। हालाँकि, यह याद रखना ज़रूरी है कि मुस्कान सच्ची होनी चाहिए। सतही या बनावटी मुस्कान आमतौर पर आसानी से पहचानी जा सकती है, और उनका उतना सकारात्मक प्रभाव नहीं होता। कुछ लोगों को चिंता होती है कि अगर वे बहुत ज़्यादा मुस्कुराते हैं, तो दूसरे लोग उन्हें ज़रूरत से ज़्यादा खुश या अजीब भी समझ सकते हैं। लेकिन सच्चाई यह है कि हर कोई एक खुश चेहरा देखकर खुश होता है, और दूसरों की कोई भी नकारात्मक राय उनका अपना मामला

है—हमारा नहीं। मुस्कुराने की आदत डालना शुरू में अजीब लग सकता है, लेकिन अभ्यास के साथ, यह स्वाभाविक और आसान हो जाता है।

सामाजिक और भावनात्मक लाभों के अलावा, मुस्कुराने के स्वास्थ्य लाभ भी हैं। मुस्कुराना चेहरे की एक बेहतरीन कसरत है जो चेहरे की मांसपेशियों को आराम पहुँचाती है और तनाव से राहत दिलाती है, जिससे हमारे चेहरे पर एक ताज़ा और जीवंत रूप आता है। कई लोग अपने रूप को निखारने के लिए कॉस्मेटिक ट्रीटमेंट और सर्जरी पर काफ़ी पैसा खर्च करते हैं, फिर भी अक्सर उन्हें वह प्रभाव नहीं मिलता जो एक साधारण, सच्ची मुस्कान से मिल सकता है।

जो लोग ज़्यादा मुस्कुराते नहीं हैं, उनके चेहरे समय के साथ बेजान लगने लगते हैं। हमारी शारीरिक बनावट चाहे जो भी हो, चाहे वह हमारे शरीर का आकार हो, त्वचा का रंग हो, या चेहरे की बनावट हो, एक मुस्कान हमारे आकर्षण को बढ़ा सकती है और हमारी उपस्थिति में चार चाँद लगा सकती है। मुस्कुराने के लिए ज़्यादा मेहनत की ज़रूरत नहीं होती—बस चेहरे को हल्का सा आराम देना होता है।

जब हम अपनी रोज़मर्रा की गतिविधियों में अपने आस-पास की दुनिया को देखते हैं, तो लोगों को स्वाभाविक रूप से मुस्कुराते हुए देखना दुर्लभ होता है। कई लोगों को यह आसान सा काम करना भी मुश्किल लगता है, अक्सर वे अपनी मुस्कान को ख़ास मौकों या ख़ास पलों के लिए ही रखते हैं। वे अपनी मुस्कान पर सीमाएँ लगा देते हैं, मानो खुशी ज़ाहिर करने का सिर्फ़ एक सही समय या जगह होती है। हालाँकि, खुलकर मुस्कुराने से हम अपने अंदर एक प्रकाशमान ऊर्जा भर सकते हैं, जो हमें "जीवन के बगीचे" में स्वाभाविक रूप से चमकने देती है। एक मुस्कुराहट, सूर्य की

रोशनी की तरह, हमारे व्यक्तित्व में जीवंतता लाती है, जिससे हम अधिक उज्ज्वल और जीवंत महसूस करते हैं।

हम अक्सर मुस्कुराने जैसे छोटे-छोटे कामों के महत्व को कम आंकते हैं। सच तो यह है कि ये छोटे-छोटे काम ही हैं जो हमारी भावनाओं और दूसरों की हमारी धारणा पर गहरा असर डाल सकते हैं। जिस तरह सफलता के लिए अच्छी सेहत ज़रूरी है, उसी तरह सच्ची सफलता के लिए मुस्कुराहट भी एक ज़रूरी कुंजी है। एक सच्ची मुस्कान दुनिया को एक शक्तिशाली संदेश देती है। यह हमारी सकारात्मकता और खुलेपन को दर्शाती है, और यह हमारे आस-पास एक आकर्षक माहौल बनाती है, जिससे रिश्ते मज़बूत होते हैं और तनाव कम होता है।

कल्पना कीजिए कि आप दो अलग-अलग लोगों से मिलते हैं— एक जो गर्मजोशी से मुस्कुराता है और दूसरा जो तटस्थ या अमित्र भाव रखता है। आप किससे ज़्यादा मिलना चाहेंगे या किसे याद रखना चाहेंगे? बेशक, मुस्कुराने वाले व्यक्ति से। एक सच्ची मुस्कान सभी को आकर्षित करती है और हमें ज़्यादा मिलनसार बनाती है। मुस्कुराहट संक्रामक होती है, और इसके प्रभाव हमारी नज़रों से कहीं आगे तक जाते हैं। यह लोगों के बीच दयालुता और समझ को बढ़ावा देती है, हमारे माहौल को और भी सुखद बनाती है और दूसरों को सहज और उत्साहवर्धक महसूस करने के लिए प्रोत्साहित करती है।

हमारे आस-पास के लोगों पर सकारात्मक प्रभाव डालने के अलावा, मुस्कुराने से हमारा मूड भी बेहतर हो सकता है। वैज्ञानिक शोध से पता चला है कि मुस्कुराने से मस्तिष्क में एंडोर्फिन और अन्य "अच्छा महसूस कराने वाले" रसायन निकलते हैं। जब हम मुस्कुराते हैं, तो हमारा शरीर हमारे मस्तिष्क को संकेत भेजता है

कि हम खुश हैं, भले ही शुरुआत में हम खुश न हों। यही कारण है कि मुस्कुराने से हमारा मनोबल बढ़ता है और तनाव कम होता है, जिससे हम अधिक तनावमुक्त और सकारात्मक महसूस करते हैं। यह भी पाया गया है कि मुस्कुराने से रक्तचाप कम होता है, दर्द कम होता है और प्रतिरक्षा प्रणाली बेहतर होती है। संक्षेप में, मुस्कुराना एक प्राकृतिक उपचार है जो हमारे मानसिक और शारीरिक स्वास्थ्य को बेहतर बनाता है।

कई लोग मुस्कुराने की आदत डालने में इसलिए संघर्ष करते हैं क्योंकि उन्हें लगता है कि यह "स्वाभाविक" नहीं है या पेशेवर या सामाजिक परिवेश में "ज़्यादा खुश" लग सकते है। लेकिन मुस्कुराने का मतलब दिखावा करना या ज़रूरत से ज़्यादा खुश दिखने की कोशिश करना नहीं है। बल्कि, इसका मतलब है एक सकारात्मक दृष्टिकोण विकसित करना और छोटे-छोटे पलों में खुशी व्यक्त करने के लिए तैयार रहना। समय के साथ, मुस्कुराने की आदत ज़्यादा प्रामाणिक हो जाती है और हमारी उपस्थिति में एक स्वाभाविक गर्मजोशी भर देती है। किसी भी नई आदत की तरह, इसे अपनाने में समय और मेहनत लगती है, लेकिन इसके फ़ायदे इसे सार्थक बनाते हैं।

अंततः, मुस्कुराहट एक ऐसा उपहार है जो हम न केवल खुद को, बल्कि अपने आस-पास के सभी लोगों को दे सकते हैं। यह दयालुता का एक उदाहरण है, सकारात्मकता का प्रतीक है, और यह याद दिलाता है कि खुशी हम सभी के लिए सुलभ है। एक ऐसी दुनिया में जो अक्सर कठोर या व्यक्तित्वहीन लगती है, एक मुस्कान एक कोमल, आश्वस्त करने वाला स्पर्श हो सकती है। मुस्कुराने का मतलब जीवन की कठिनाइयों को नज़रअंदाज़ करना नहीं है; बल्कि, यह उनका सकारात्मक दृष्टिकोण से सामना करने का एक विकल्प है। हम अधिक लचीले और खुले दिल वाले बनते हैं, जिससे चुनौतियों का सामना करना और दूसरों को खुशी देना आसान हो जाता है।

तो, यह याद रखें: जिस तरह अच्छा स्वास्थ्य हमारी भलाई के लिए ज़रूरी है, उसी तरह एक हल्की मुस्कान सच्ची सफलता की हमारी खोज में एक शक्तिशाली सहयोगी है। यह हमें अपने आस-पास की रोज़मर्रा की सुंदरता की सराहना करने की याद दिलाती है, दूसरों के साथ हमारे संबंधों को गहरा करती है, और हमें जीवन के उतार-चढ़ाव का सामना शालीनता और शांत शक्ति के साथ करने के लिए तैयार करती है। मुस्कुराहट को एक दैनिक अनुष्ठान बनाएँ—एक कोमल लेकिन गहन आदत जो एक सच्चे और सफल व्यक्ति बनने की आपकी यात्रा में आपके साथ चलती है। अच्छे स्वास्थ्य की तरह, यह सिर्फ़ एक अभ्यास नहीं है—यह आंतरिक सद्भाव और खुशी का प्रतिबिंब है।

आज से ही, अपने जीवन को मुस्कुराहटों की दौलत से भर दें। हो सकता है आपके बैंक खाते में दौलत न हो, लेकिन अगर आपका दिल खुशी से भरा है और आपका चेहरा दयालुता से दमकता है, तो आपके पास कहीं ज़्यादा कीमती दौलत है।

मुस्कान आत्मा की मुद्रा है—देने के लिए स्वतंत्र, फिर भी सबसे अंधकारमय दिनों को भी बदलने में सक्षम। इनकी कोई कीमत नहीं होती, ये किसी खास पहचान की मांग नहीं करतीं, और फिर भी हीरे से भी ज़्यादा शक्तिशाली कुछ बिखेरती हैं: जुड़ाव, सहानुभूति और आशा।

भौतिक संपदा से ग्रस्त इस दुनिया में, इन सूक्ष्म खजानों को नज़रअंदाज़ करना आसान है। हम सफलता को संख्याओं और संपत्ति से मापते हैं, लेकिन क्या हो अगर असली पैमाना उस सहजता में हो जिससे हम मुस्कुराहट बाँटते हैं, गर्मजोशी देते हैं, और किसी और के जीवन में रोशनी बिखेरते हैं?

मुस्कान सिर्फ़ एक अभिव्यक्ति नहीं है—यह एक संदेश है जो कहता है, "मैं तुम्हें देखता हूँ। मैं तुम्हें स्वीकार करता हूँ। मैं जीवित हूँ, और मैं खुशी चुनता हूँ।"

तो इस अदृश्य प्रचुरता को इकट्ठा करना शुरू करें। अपनी मुस्कान को हर उस कमरे में अपनी पहचान बनने दें जहाँ आप प्रवेश करें। हँसी की हर चिंगारी, दयालुता के हर कोमल मोड़ से अपनी भावनात्मक संपदा का निर्माण करें। क्योंकि सबसे समृद्ध जीवन केवल धन से नहीं बनता—वह सार्थक क्षणों से बनता है।

और अपनी सफलता की भव्य कहानी में, अपनी मुस्कान को सबसे चमकदार विराम चिह्न बनने दें।

4 - प्रशंसा

अपने पिछले पाठों में, हमने एक सुखी और सफल जीवन की नींव के रूप में अच्छे स्वास्थ्य और मुस्कान को बनाए रखने के महत्व पर चर्चा की थी। इस पाठ में, हम एक और ज़रूरी गुण पर गहराई से विचार करेंगे: **प्रशंसा की शक्ति**। यह दूसरों के प्रति सच्ची प्रशंसा दिखाने के प्रभाव के बारे में है। ऐसी दुनिया में जहाँ हम समान इच्छाओं, संघर्षों और आशाओं वाले लोगों से घिरे हैं, दूसरों को पहचानना और उनकी सराहना करना उनके और हमारे लिए, दोनों के लिए परिवर्तनकारी हो सकता है। हम सभी की बुनियादी मानवीय ज़रूरतें समान हैं, जैसे प्यार, स्वीकृति और पहचान, और प्रशंसा इन ज़रूरतों को पूरा करने के सबसे आसान तरीकों में से एक है। यह पाठ इस बात पर प्रकाश डालेगा कि दूसरों की सराहना करना न केवल दयालुता है, बल्कि व्यक्तिगत सफलता का मार्ग भी है।

उस समय के बारे में सोचें जब किसी ने वास्तव में आपके प्रयासों की सराहना की हो। हो सकता है कि वह कोई दोस्त हो जिसने आपकी प्रगति पर ध्यान दिया हो, कोई परिवार का सदस्य हो जिसने आपके समर्पण की प्रशंसा की हो, या कोई सहकर्मी हो जिसने आपके योगदान की सराहना की हो। वह पल कैसा लगा

होगा? संभावना है, इसने आपको गर्मजोशी, आत्मविश्वास और उद्देश्य की एक नई भावना से भर दिया हो।

प्रशंसा में एक शांत लेकिन परिवर्तनकारी शक्ति होती है। यह मन को उत्साहित करता है, अपनेपन की भावना को पोषित करता है, और हमें याद दिलाता है कि हमारा काम मायने रखता है। सराहना के कुछ सच्चे शब्द उस पल से कहीं आगे तक रह सकते हैं—हमारी प्रेरणा को बढ़ावा देते हैं, हमारे ध्यान को तेज़ करते हैं, और हमें और भी ऊँचे लक्ष्य रखने के लिए प्रेरित करते हैं। जब हमें महसूस होता है कि हमें देखा और महत्व दिया जा रहा है, तो हम सिर्फ़ अच्छा प्रदर्शन नहीं करते—हम फलते-फूलते हैं।

सराहना को एक क्षणिक भाव से बढ़कर होने दें। इसे एक आदत बनाएँ। इसे एक संस्कृति बनाएँ।

अगर हम अच्छे, दयालु इंसान बनना चाहते हैं, तो हमें जब भी कोई अच्छा काम करता हुआ मिले, तो उसकी सराहना करने की आदत डालनी चाहिए। सच्ची सराहना किसी के द्वारा किए गए प्रयासों को स्वीकार करती है, और उन्हें यह एहसास दिलाती है कि वे एक सकारात्मक बदलाव ला रहे हैं। जैसे हमें आगे बढ़ते रहने के लिए प्रोत्साहन की ज़रूरत होती है, वैसे ही हमारे आस-पास के सभी लोगों को भी। जब हम किसी और की कड़ी मेहनत या दयालु भाव को पहचानने के लिए एक पल निकालते हैं, तो हम उनके जीवन में सकारात्मक ऊर्जा का स्रोत बन जाते हैं।

अक्सर कहा जाता है, "जिस व्यक्ति की सराहना की जाती है, वह हमेशा अपेक्षा से ज़्यादा करता है।" जब हम किसी को यह बताने के लिए समय निकालते हैं कि उसकी कद्र की जाती है, तो वह न्यूनतम से आगे बढ़कर उत्कृष्टता के लिए प्रयास करने के लिए प्रेरित महसूस करेगा। जिन लोगों की सराहना की जाती है, वे अक्सर अधिक उत्पादक, अधिक व्यस्त और अपने लक्ष्यों के प्रति

अधिक प्रतिबद्ध होते हैं। लेकिन एक महत्वपूर्ण बात ध्यान में रखनी चाहिए: हमारी सराहना हमेशा सच्ची होनी चाहिए। सच्ची सराहना दिल से आती है; यह प्रामाणिक और ईमानदार होती है। कपटी शब्दों को आमतौर पर पहचानना आसान होता है, और वे किसी का उत्साह बढ़ाने के बजाय, कभी-कभी उल्टा भी कर सकते हैं। सराहना का वास्तविक प्रभाव डालने के लिए, उसका दिल से होना ज़रूरी है।

दुनिया दो प्रकार की ऊर्जाओं पर चलती है: सकारात्मक और नकारात्मक। प्रशंसा सकारात्मक ऊर्जा का एक शक्तिशाली स्रोत है। यह सराहना पाने वाले व्यक्ति को ऊर्जा प्रदान करती है और उसका उत्थान करती है, जिससे उसे अपने मार्ग पर चलते रहने का साहस और प्रेरणा मिलती है। दूसरी ओर, आलोचना, खासकर जब बिना सहानुभूति या समझ के की जाए, नकारात्मक ऊर्जा का स्रोत बन सकती है जो लोगों के उत्साह को कम कर देती है और उनकी सफलता की इच्छा को कम कर देती है। रचनात्मक प्रतिक्रिया मददगार हो सकती है, लेकिन इसे सराहना के साथ संतुलित करना ज़रूरी है, ताकि लोगों को पता चले कि उनके प्रयासों पर ध्यान दिया जा रहा है और उन्हें महत्व दिया जा रहा है।

दुर्भाग्य से, हम एक ऐसी दुनिया में रहते हैं जहाँ अक्सर नकारात्मक शक्तियाँ सक्रिय रहती हैं। ये शक्तियाँ आलोचना, धारना और नकारात्मकता फैला सकती हैं, यहाँ तक कि सबसे समर्पित व्यक्तियों को भी हतोत्साहित कर सकती हैं। कभी-कभी, लोग अपने अच्छे काम या जुनून को इसलिए छोड़ देते हैं क्योंकि उन्हें लगता है कि उनकी सराहना नहीं हो रही है या उन्हें पहचाना नहीं जा रहा है। किसी की कड़ी मेहनत को स्वीकार करने के लिए समय निकालकर, हम उनके जीवन में एक सकारात्मक प्रभाव डाल सकते हैं, जिससे उन्हें प्रेरित रहने और अपने लक्ष्यों पर केंद्रित रहने में मदद मिल सकती है। प्रोत्साहन के कुछ शब्द किसी के लिए अविश्वसनीय रूप से मूल्यवान हो सकते हैं और उन्हें नई

ऊँचाइयों तक पहुँचने के लिए आवश्यक आत्मविश्वास भी दे सकते हैं।

हम जिस तरह की दुनिया बनाते हैं, वह हमारे द्वारा लिए गए विकल्पों से शुरू होती है। क्या हम नकारात्मकता को हावी होने देते हैं, या हम जानबूझकर एक ऐसा माहौल बनाते हैं जहाँ प्रोत्साहन और सकारात्मकता पनपती है?

सराहना का हर कार्य एक बेहतर दुनिया की नींव बन जाता है—खासकर जब हम अपने आस-पास चुपचाप सार्थक काम कर रहे लोगों को पहचानते हैं। किसी के प्रयास को स्वीकार करने से न केवल उनका उत्थान होता है, बल्कि हमारे अपने चरित्र का भी विकास होता है। यह सहानुभूति, जागरूकता और नेतृत्व क्षमता को दर्शाता है। समय के साथ, यह आदत न केवल दूसरों के जीवन को समृद्ध बनाती है—यह भी आकार देती है कि हमें कैसे याद किया जाता है। लोग उन लोगों को अपने करीब रखते हैं जिन्होंने उन्हें देखा, उनका साथ दिया और उनके विकास का जश्न मनाया।

अपनी सराहना के शब्दों को उस पल से आगे तक गूँजने दें। क्योंकि दूसरों को ऊपर उठाने का चुनाव करके, हम भी ऊपर उठते हैं।

मेरा सच्चा मानना है कि, "हर शब्द ऊर्जा से बना होता है, चाहे वह सकारात्मक ऊर्जा का प्रतिनिधित्व करता हो या नकारात्मक ऊर्जा का। आपके द्वारा चुने गए शब्द तय करते हैं कि आप दुनिया में सकारात्मक ऊर्जा फैला रहे हैं या नकारात्मक।" हमारे द्वारा इस्तेमाल किए जाने वाले शब्दों में शक्ति होती है, और प्रशंसा व्यक्त करने के लिए हम जिन शब्दों का चयन करते हैं, वे सकारात्मकता की एक लहर जैसा प्रभाव पैदा कर सकते हैं। सकारात्मक ऊर्जा फैलाकर, हम अपने और दूसरों के लिए एक

अधिक उत्साहजनक और उत्थानकारी वातावरण बनाने में योगदान करते हैं।

दूसरों की सराहना करने के सरल तरीके

आप सोच रहे होंगे, "मैं अपनी सराहना कैसे ज़ाहिर करूँ?" सराहना दिखाना ज़रूरी नहीं है। एक छोटा सा "धन्यवाद" भी किसी के दिन में बड़ा बदलाव ला सकता है। सराहना में असल मायने आपके शब्दों की लंबाई नहीं, बल्कि उनके पीछे छिपी ईमानदारी रखते हैं। चाहे वह एक संक्षिप्त आभार हो या कृतज्ञता का विस्तृत भाव, प्रभाव व्यक्त की गई भावना से आता है।

यहाँ कुछ ऐसे वाक्यांश दिए गए हैं जिनका इस्तेमाल आप सराहना ज़ाहिर करने के लिए कर सकते हैं:

1. धन्यवाद

एक सीधा-सादा "धन्यवाद" कभी-कभी किसी ऐसे व्यक्ति के लिए बहुत मायने रखता है जिसने कड़ी मेहनत की हो। यह दर्शाता है कि आप उनके काम को देखते हैं और उसकी कद्र करते हैं।

2. मैं आपके काम/प्रयास की सराहना करता/करती हूँ।

जब आप किसी की कड़ी मेहनत की सराहना करते हैं, तो यह दर्शाता है कि आप उनके द्वारा लगाई गई ऊर्जा को पहचानते हैं। यह उन्हें अपना सर्वश्रेष्ठ देने के लिए प्रेरित कर सकता है।

3. मैं तुमसे प्यार करता/करती हूँ।

हालांकि सरल, ये शब्द व्यक्तिगत रिश्तों में गहरी सराहना व्यक्त कर सकते हैं। ये दूसरों को बताते हैं कि वे आपके जीवन में कितने महत्वपूर्ण हैं।

4. आपने बहुत अच्छा काम किया है।

कभी-कभी, लोगों को यह सुनने की ज़रूरत होती है कि उन्होंने अच्छा काम किया है। यह वाक्यांश उनका आत्मविश्वास बढ़ा सकता है और उन्हें निरंतर सुधार करने के लिए प्रेरित कर सकता है।

5. आपके बिना, यह संभव नहीं होता।

किसी परियोजना या कार्य में किसी की भूमिका को स्वीकार करना उन्हें याद दिलाता है कि उनका योगदान मूल्यवान और अपूरणीय है।

6. मेरे जीवन का हिस्सा बनने के लिए धन्यवाद।

अपने जीवन में किसी की उपस्थिति के लिए आभार व्यक्त करना, विशेष रूप से घनिष्ठ संबंधों में, सराहना दिखाने का एक गहरा तरीका है।

7. अच्छा काम

कभी-कभी, किसी की सराहना का एहसास कराने के लिए बस एक साधारण "अच्छा काम" ही काफी होता है। यह संक्षिप्त लेकिन प्रभावी होता है।

8. अच्छा काम जारी रखें

यह वाक्यांश लोगों को अपने प्रयास जारी रखने के लिए प्रोत्साहित करता है, उन्हें दिखाता है कि आप उनके निरंतर योगदान को महत्व देते हैं।

सराहना का कार्य जितना सरल है, उतना ही गहरा भी है। हालाँकि किसी के प्रयासों को स्वीकार करने में कुछ ही सेकंड लग

सकते हैं, लेकिन इसका प्रभाव बहुत लंबे समय तक रह सकता है। लोग अक्सर उन लोगों की मदद करने, सहयोग करने और उनके लिए अपनी पूरी कोशिश करने के लिए उत्सुक रहते हैं जो वास्तव में उनकी सराहना करते हैं।

दूसरों में सकारात्मकता और प्रेरणा बढ़ाने के अलावा, सराहना का हमारे अपने जीवन पर भी सकारात्मक प्रभाव पड़ता है। नियमित रूप से सराहना व्यक्त करने से, हम कृतज्ञता का भाव विकसित करते हैं। हम अपने आस-पास हो रही सकारात्मक चीजों के प्रति अधिक जागरूक हो जाते हैं और लोगों द्वारा अपने कार्यों में किए गए प्रयासों को महत्व देना सीखते हैं। यह आदत हमें एक पूर्ण और आनंदमय जीवन के करीब लाती है, क्योंकि हम अपना ध्यान आलोचना से मान्यता की ओर, निर्णय से प्रोत्साहन की ओर मोड़ते हैं।

अंत में, यह ध्यान देने योग्य है कि दूसरों की सराहना करने से हमें उनके साथ जुड़े रहने में मदद मिलती है। जब हम किसी के प्रयासों को पहचानने के लिए समय निकालते हैं, तो हम सक्रिय रूप से मजबूत रिश्ते बना रहे होते हैं। यह व्यक्तिगत और व्यावसायिक सफलता, दोनों का एक महत्वपूर्ण पहलू है। जब हम लोगों को यह एहसास दिलाते हैं कि हम उनके लिए मूल्यवान हैं, तो वे हमें सकारात्मक रूप से याद रखेंगे, हमारा समर्थन करेंगे और अपनी सद्भावना साझा करेंगे। इस प्रकार, सराहना न केवल दयालुता का कार्य है, बल्कि एक सहायक और सफल नेटवर्क बनाने की दिशा में एक आवश्यक कदम भी है।

संक्षेप में, सराहना एक शांत शक्ति है जिसका असाधारण प्रभाव होता है। यह दूसरों का उत्साह बढ़ाता है, हमारे रिश्तों की गहराई को गहरा करता है, और दुनिया को देखने के हमारे नज़रिए को नया रूप देता है। हालाँकि यह एक छोटा सा कार्य लग सकता है, लेकिन इसका व्यापक प्रभाव होता है—अक्सर यह उन जगहों

पर सकारात्मकता की चिंगारी जलाता है जहाँ अन्यथा मौन ही रहता।

रोज़मर्रा की ज़िंदगी की भागदौड़ में, कृतज्ञता की शक्ति को नज़रअंदाज़ करना या भूलना आसान है। लेकिन जब हम कृतज्ञता को एक सचेत आदत बना लेते हैं, तो हम एक ज़्यादा करुणामयी, उत्साहजनक दुनिया का निर्माण शुरू करते हैं—एक-एक करके सच्चे भाव से।

जैसे अपने स्वास्थ्य का ध्यान रखना हमारे शारीरिक स्वास्थ्य को पोषित करता है, वैसे ही अपने आस-पास के लोगों की सच्ची सराहना करना सीखना हमारे भावनात्मक और आध्यात्मिक परिदृश्य को समृद्ध बनाता है। यह सिर्फ़ दयालुता का गुण नहीं है—यह स्थायी सफलता और आंतरिक संतुष्टि की नींव है।

5 - समय प्रबंधन

अपने जीवन के अधिकांश समय, मैं इस भ्रम में रहा कि समय प्रचुर मात्रा में है—एक अंतहीन संसाधन जिसे मैं बर्बाद कर सकता हूँ। मैं एक सुस्त लय के साथ दिन बिताता रहा, इस बात से अनजान कि हर पल जो मैं जाने देता हूँ, चुपचाप मेरे भविष्य को आकार दे रहा है। मैंने समय का अनादर किया, विद्रोह से नहीं, बल्कि अज्ञानता से। और उस अज्ञानता की मुझे भारी कीमत चुकानी पड़ी।

जब तक मुझे बार-बार असफलताओं का सामना नहीं करना पड़ा—व्यक्तिगत, पेशेवर, भावनात्मक—तब तक मुझे उन सभी को जोड़ने वाला एक अदृश्य धागा दिखाई नहीं दिया: **खराब समय प्रबंधन**। जीवन में अधिकांश असफलताओं की जड़ प्रतिभा या अवसर की कमी नहीं है—यह सफलता के मूक निर्माता के रूप में समय का सम्मान न करना है।

समय का दुरुपयोग करने पर, यह एक शांत विध्वंसक बन जाता है। लेकिन जब इसका सम्मान किया जाता है, तो यह एक शक्तिशाली सहयोगी में बदल जाता है। निर्णायक मोड़ तब आया जब मैंने परिस्थितियों को दोष देना बंद कर दिया और अपनी आदतों पर ध्यान देना शुरू किया। मुझे एहसास हुआ कि सफलता केवल कड़ी मेहनत के बारे में नहीं है—यह समय के साथ काम

करने के बारे में है, उसके खिलाफ नहीं। जब हम अपने कार्यों को समय की लय के साथ संरेखित करते हैं, तो हम एक ऐसी शक्ति को मुक्त करते हैं जो हमें स्पष्टता और उद्देश्य के साथ आगे बढ़ाती है।

सफलता लोगों का पीछा नहीं करती—यह उनका पीछा करती है जो अनुशासन के साथ समय का पीछा करते हैं। एक बार जब कोई व्यक्ति समय के मूल्य को सही मायने में समझ लेता है और समय प्रबंधन को अपने दैनिक जीवन में शामिल कर लेता है, तो एक बदलाव आता है। टालमटोल की आदत मिट जाती है। ध्यान केंद्रित होता है। प्रगति तेज़ हो जाती है। और अचानक, जो कभी असंभव लगता था, वह साकार होने लगता है।

समय केवल एक टिक-टिक करती घड़ी नहीं है—यह जीवन का सार है, और हम इसके साथ कैसे जुड़ते हैं, यह हमारी सफलता की दिशा तय करता है। यह एक सीमित संसाधन है, अपूरणीय और अत्यंत शक्तिशाली। जो लोग इसे सावधानी और इरादे से प्रबंधित करना सीख जाते हैं, उनके लिए समय एक रणनीतिक संपत्ति में बदल जाता है—एक शांत शक्ति जो प्रगति और संतुष्टि को बढ़ावा देती है।

सफल व्यक्ति केवल अपने कार्यक्रम को व्यवस्थित नहीं करते—वे अपने क्षणों को बेहतर बनाते हैं। वे समय को एक उत्प्रेरक के रूप में मानते हैं, और हर गुजरते घंटे के साथ अपने लक्ष्यों के करीब पहुँचने के लिए इसका उपयोग करते हैं। इसके विपरीत, जो लोग समय की कद्र नहीं करते, वे अक्सर खुद को भटकते हुए पाते हैं, अपनी महत्वाकांक्षाओं को पहुँच से दूर होते हुए देखते हैं।

यह चिंतन समय और उपलब्धि के बीच के गहरे संबंध की पड़ताल करता है। यह समय के विरुद्ध दौड़ने के बारे में नहीं है - यह हर सेकंड को महत्वपूर्ण बनाने के बारे में है।

ब्रूस ली ने इसे बहुत ही सटीक ढंग से कहा है: "अगर आपको ज़िंदगी से प्यार है, तो समय बर्बाद मत करो, क्योंकि ज़िंदगी समय से ही बनती है।"

यह एक ज़बरदस्त याद दिलाता है कि समय डायल पर लिखे अंकों से कहीं बढ़कर है—यह गतिशील हमारा सार है। हर खाली पल जीवन का एक अंश है जो कभी वापस नहीं आता।

समय पर नियंत्रण पाना, ज़िंदगी का सम्मान करना है। जानबूझकर समय प्रबंधन करने से ज़्यादा ध्यान केंद्रित करने, ज़्यादा अनुशासन अपनाने और एक उद्देश्यपूर्ण भविष्य बनाने में मदद मिलती है। लेकिन टालमटोल, डर और अनिर्णय अवसरों के चोर हैं—चुपचाप हमें आगे बढ़ने का मौका छीन लेते हैं।

इसलिए अभी शुरुआत करें। कल नहीं। समय को आकार देना सीखें, और यह आपकी सफलता को आकार देगा।

अवसर हमेशा प्रचुर मात्रा में नहीं होते, और अक्सर ये अप्रत्याशित, क्षणभंगुर क्षणों में आते हैं। जो लोग जीवन में सफल होते हैं, वे इसे गहराई से समझते हैं। वे हर मौके को दोनों हाथों से थाम लेते हैं, अपने सामने मौजूद समय और परिस्थितियों का पूरा फायदा उठाते हैं। कई लोगों को जो चीज़ पीछे खींचती है, वह अवसर का अभाव नहीं है—बल्कि डर, झिझक या आत्मसंतुष्टि की उपस्थिति है। ये आंतरिक बाधाएँ महत्वपूर्ण क्षणों को, कभी-कभी हमेशा के लिए, हाथ से निकल जाने देती हैं, और उनके साथ ही जीवन बदल देने वाले बदलावों की संभावना भी।

इस चुनौती से निपटने के लिए, यह समझना ज़रूरी है कि समय एक सीमित संसाधन है—अनमोल और अपूरणीय। एक बार एक पल बीत जाने के बाद, उसे वापस नहीं पाया जा सकता या खरीदा नहीं जा सकता। निर्णायक रूप से कार्य करके और हर पल को

उद्देश्यपूर्ण तरीके से अपनाकर, हम सार्थक प्रगति की नींव रखते हैं। अक्सर, सही समय पर की गई सही कार्रवाई एक व्यापक प्रभाव उत्पन्न करती है—परिणामों को बढ़ाती है, नए रास्ते खोलती है, और लंबे समय से रखे गए लक्ष्यों की ओर हमारी यात्रा को तेज़ करती है।

हमें यह भी समझना चाहिए कि बर्बाद हुआ समय बिना किसी परिणाम के शायद ही कभी गायब होता है। लंबे समय में, छूटे हुए अवसर जमा होते जाते हैं, जिससे कई लोग यह सोचने पर मजबूर हो जाते हैं कि उनकी क्षमता क्यों निष्क्रिय रह गई। कुंजी समय के मूल्य को पहचानने में निहित है। प्रभावी समय प्रबंधन केवल व्यवस्थित रहने के बारे में नहीं है—यह हमें दिए गए घंटों का सम्मान करने और उन्हें सार्थक प्रयासों में लगाने के बारे में है। जब हम अपने समय का बुद्धिमानी से प्रबंधन करते हैं, तो हम अपनी उत्पादकता बढ़ाते हैं, अपने अनुभवों को समृद्ध करते हैं, और एक ऐसा जीवन गढ़ते हैं जो उद्देश्य और संतुष्टि से भरपूर हो।

जीवन में हमारे सामने आने वाली कई चुनौतियाँ समय का सदुपयोग करने के बजाय उसे बर्बाद करने की हमारी प्रवृत्ति से उपजती हैं। जो लोग इस सिद्धांत को समझते हैं, वे जानते हैं कि कड़ी मेहनत और स्मार्ट समय प्रबंधन ही सफलता की कुंजी है। हर घंटे का अधिकतम लाभ उठाने पर ध्यान केंद्रित करके, वे एक ऐसी आदत बनाते हैं जो उन्हें तेज़ी से सफलता की ओर ले जाती है।

समय प्रबंधन इतना महत्वपूर्ण होने का एक कारण यह है कि यह एक मज़बूत प्रतिष्ठा बनाता है। जब हम समय पर काम पूरा करते हैं, तो दूसरे हमें विश्वसनीय और ज़िम्मेदार समझते हैं। लोग उन लोगों पर भरोसा और सम्मान करते हैं जो लगातार अपने वादे पूरे करते हैं और अपनी प्रतिबद्धताओं को पूरा करते हैं। इसके विपरीत, जो लोग समय सीमा से चूक जाते हैं या काम पूरा नहीं

कर पाते, उन्हें अक्सर दूसरों का विश्वास और सम्मान हासिल करने में कठिनाई होती है। जब आप अपने समय को महत्व देते हैं, तो दूसरे लोग नोटिस करते हैं, और यह सकारात्मक प्रतिष्ठा आपके लिए नए अवसरों के द्वार खोल सकती है और आपको सफलता की एक मज़बूत नींव बनाने में मदद कर सकती है।

समय उन कुछ संसाधनों में से एक है जो सभी के लिए पूरी तरह समान हैं। आप चाहे कोई भी हों या आप कहीं से भी हों, हम सभी के पास दिन के 24 घंटे समान होते हैं। हालाँकि, अंतर इस बात में है कि हम इसका उपयोग कैसे करते हैं। अगर आप जीवन में नई ऊँचाइयों को छूना चाहते हैं, तो समय प्रबंधन की कला सीखना ज़रूरी है।

यह दिन में और घंटे जोड़ने के बारे में नहीं है; बल्कि, यह हर घंटे का बुद्धिमानी से उपयोग करना सीखने के बारे में है। समय प्रबंधन आपको अपने दिन को व्यवस्थित करने, प्राथमिकताएँ निर्धारित करने और कार्यों को अधिक कुशलता से पूरा करने में मदद करता है, जिससे काम और आराम दोनों के लिए समय बचता है। यह कौशल व्यक्तिगत और व्यावसायिक जीवन, दोनों में अमूल्य है, क्योंकि यह आपको संतुलन और संतुष्टि प्राप्त करने में सक्षम बनाता है।

कई लोग यह सोचने की गलती करते हैं कि वे बाद में "खोए हुए समय की भरपाई" कर सकते हैं। हालाँकि, वास्तविकता यह है कि एक बार खोया हुआ समय वापस नहीं आ सकता। आप अधिक समय नहीं बना सकते, लेकिन समय प्रबंधन में महारत हासिल करके, आप अपने पास मौजूद समय का अधिकतम उपयोग कर सकते हैं। प्रभावी समय प्रबंधन में योजना बनाना, लक्ष्य निर्धारित करना और ध्यान केंद्रित करना शामिल है।

यह उन कार्यों की पहचान करने और उन कार्यों के लिए अपना समय और ऊर्जा समर्पित करने के बारे में है जो सबसे महत्वपूर्ण हैं। जब आप ऐसा करते हैं, तो आप अपनी उत्पादकता को अधिकतम करते हैं और अभिभूत होने की भावना से बचते हैं। अच्छे समय प्रबंधन का अर्थ यह भी है कि आपको पता होना चाहिए कि उन विकर्षणों को कब "नहीं" कहना है जो आपके लक्ष्यों में योगदान नहीं देते हैं।

समय प्रबंधन का अभ्यास करने के लिए आत्म-अनुशासन की भी आवश्यकता होती है। समय की बर्बादी के जाल में फँसना आसान है, खासकर जब हमारे आस-पास इतने सारे विकर्षण हों। सोशल मीडिया, अनावश्यक मीटिंग्स और टालमटोल समय की बर्बादी के कुछ उदाहरण हैं जो हमें अपनी क्षमता तक पहुँचने से रोक सकते हैं।

अपने समय का प्रभावी ढंग से प्रबंधन करने के लिए, आपको सीमाएँ निर्धारित करनी होंगी, अपने उद्देश्यों पर केंद्रित रहना होगा और ऐसी आदतें विकसित करनी होंगी जो आपके लक्ष्यों का समर्थन करें। इसका मतलब हो सकता है एक दैनिक कार्यक्रम बनाना, रिमाइंडर सेट करना, या कार्यों को छोटे, प्रबंधनीय चरणों में विभाजित करना। आप जो भी तरीके अपनाएँ, लक्ष्य एक ऐसी दिनचर्या बनाना है जो आपको ट्रैक पर बने रहने और हर पल का अधिकतम लाभ उठाने में मदद करे।

कल्पना कीजिए कि अगर आप हर दिन अपने समय का बुद्धिमानी से उपयोग करें तो आप क्या हासिल कर सकते हैं। आप अपने लक्ष्यों को तेज़ी से प्राप्त कर पाएंगे, अपने काम में अधिक संतुष्टि का अनुभव करेंगे और अधिक खाली समय का आनंद लेंगे। समय प्रबंधन एक ऐसा कौशल है जिसके लिए अभ्यास की आवश्यकता होती है, लेकिन दृढ़ता के साथ, यह आपकी दिनचर्या का एक

स्वाभाविक हिस्सा बन सकता है। एक बार जब आप अपने समय के सही प्रबंधन के परिणाम देखना शुरू कर देंगे, तो आप अपनी आदतों को बेहतर बनाने के लिए प्रेरित होंगे। आप पाएंगे कि जैसे-जैसे आप उन चीज़ों पर ध्यान केंद्रित कर पाएँगे जो आपके लिए वाकई मायने रखती हैं, ज़िंदगी कम तनावपूर्ण और ज़्यादा संतुष्टिदायक होती जाएगी।

समय प्रबंधन का अभ्यास शुरू करने में कभी देरी ना करें। अपने समय के इस्तेमाल में छोटे-छोटे बदलाव करके, आप धीरे-धीरे ऐसी आदतें विकसित कर सकते हैं जो आपकी सफलता में सहायक हों। चाहे वह हर सुबह अपने दिन की योजना बनाने के लिए कुछ मिनट निकालना हो या हर हफ़्ते अपने लक्ष्यों की समीक्षा के लिए एक ख़ास समय निकालना हो, बेहतर समय प्रबंधन की दिशा में आपका हर कदम आपको अपने सपनों को साकार करने के और क़रीब ले जाएगा। याद रखें, सफलता सिर्फ़ कड़ी मेहनत करने से नहीं है; बल्कि समझदारी से काम लेने और अपने पास मौजूद समय का पूरा सदुपयोग करने से है।

समय जीवन के सबसे बड़े उपहारों में से एक है—और इसकी सबसे दुर्लभ वस्तुओं में से एक। इसे बुद्धिमानी से प्रबंधित करना इसके मूल्य का सम्मान करना है। जब हम समय का सोच-समझकर उपयोग करते हैं, तो हम इसे एक साधारण माप से विकास, उत्पादकता और स्थायी सफलता के एक शक्तिशाली साधन में बदल देते हैं।

हर पल में संभावनाएँ छिपी होती हैं। उद्देश्यपूर्ण तरीके से बिताया गया हर मिनट हमें उस जीवन के क़रीब ले जाता है जिसकी हम कल्पना करते हैं। समय सिर्फ़ बीतता नहीं है—यह हमें आकार देता है।

और चुनाव हमारा है: इसे यूँ ही गुज़र जाने दें, या इसे अपनी यात्रा की मार्गदर्शक लय मानकर अपना लें।

समय, निस्संदेह, हमारी सबसे अनमोल संपत्ति है। धन-संपत्ति या संपत्ति के विपरीत, इसे वापस नहीं कमाया जा सकता, बाद के लिए संग्रहीत नहीं किया जा सकता, या भविष्य से उधार नहीं लिया जा सकता। फिर भी, रोज़मर्रा की भागदौड़ में, इसके मूल्य को अक्सर अनदेखा कर दिया जाता है। बहुत से लोग इसके महत्व को स्वीकार करते हैं, लेकिन बहुत कम लोग वास्तव में उस समझ पर अमल करते हैं। इसलिए यह याद दिलाना ज़रूरी है—क्योंकि समय के मूल्य को पहचानना ही काफ़ी नहीं है। असली सफलता इस बात में निहित है कि हम इसका उपयोग कैसे करते हैं।

धन या शक्ति के विपरीत, समय निष्पक्ष और अथक है। यह बहता रहता है, चाहे हम इसका सामना करने के लिए उठ खड़े हों या इसे यूँ ही गुज़र जाने दें। इसका स्थायित्व इसे एक उपहार और एक चुनौती दोनों बनाता है। अच्छी तरह से जीने के लिए, हमें इसकी गति के साथ तालमेल बिठाना सीखना होगा—देरी नहीं, बहाव नहीं, बल्कि स्पष्टता और उद्देश्य के साथ कार्य करना होगा।

जो चीज़ सफल लोगों को अलग बनाती है, वह सिर्फ़ प्रतिभा नहीं है—समय के प्रति उनका सम्मान है। वे अपने समय को सार्थक कार्यों में लगाते हैं, विकर्षणों को दूर करते हैं, और उन चीज़ों के लिए जगह बनाते हैं जो वास्तव में मायने रखती हैं। वे सही पलों का इंतज़ार नहीं करते; वे उन्हें निरंतर, केंद्रित प्रयास से बनाते हैं। जब समय का सही प्रबंधन किया जाता है, तो सफलता और खुशी स्वाभाविक परिणाम बन जाते हैं, दूर के सपने नहीं।

फिर भी, समय का प्रबंधन आसान नहीं है। इसके लिए आत्म-जागरूकता, अनुशासन और विकास के प्रति अटूट प्रतिबद्धता की आवश्यकता होती है। अक्सर, लोग टालमटोल और व्याकुलता के चक्र में फँस जाते हैं, और दिन पछतावे में बीतते देखते हैं। और जब खोए हुए अवसर महत्वाकांक्षा से ज़्यादा ज़ोर से बोलते हैं, तो सबक कठोर होता है: समय इंतज़ार नहीं करता।

लेकिन सच तो यह है कि हर पल फिर से शुरुआत करने का एक मौका है।

आपका अतीत चाहे जो भी हो, आज का दिन बहुत महत्वपूर्ण है। अपनी दिनचर्या पर गौर करें। क्या आपके कर्म आपको आगे बढ़ा रहे हैं या आपको अटकाए हुए हैं? अनुत्पादक पैटर्न से मुक्त हो जाएँ, अपना ध्यान पुनः केंद्रित करें, और एक ऐसी योजना बनाएँ जो आपको आपकी आकांक्षाओं की ओर ले जाए।

समय प्रबंधन केवल कैलेंडर और चेकलिस्ट के बारे में नहीं है—यह एक दर्शन है। यह विश्वास है कि हर सेकंड मायने रखता है, और हर निर्णय आपके भविष्य का निर्माण करता है। जब आप समय को महत्व देते हैं, तो आप अपनी क्षमता में कदम रखते हैं। आप अधिक उद्देश्यपूर्ण, अधिक संतुष्ट और उस जीवन के कहीं अधिक करीब पहुँच जाते हैं जिसे आपको जीना था।

घड़ी कभी नहीं रुकती। तो आपके सपने क्यों रुकें?

तो आज ही अपने समय पर नियंत्रण रखें। इसे साहस, अनुशासन और दूरदर्शिता के साथ आकार दें। इसे आपको न केवल उपलब्धि की ओर ले जाने दें—बल्कि अर्थ और संतुष्टि से भरपूर जीवन की ओर ले जाने दें। क्योंकि जब हर सेकंड मायने रखता है, तो हर सपना हकीकत के करीब पहुँचता है।

6 - सकारात्मक सोच

सकारात्मक सोच व्यक्तिगत सफलता के लिए सबसे महत्वपूर्ण परिवर्तनकारी शक्तियों में से एक है। यह व्यक्ति को विपरीत परिस्थितियों से ऊपर उठने, असफलताओं को सीढ़ी बनाने और संदेह को दृढ़ संकल्प में बदलने की शक्ति प्रदान करती है। एक आदत से कहीं बढ़कर, सकारात्मक सोच एक विकसित मानसिकता है—एक ऐसा कौशल जो सचेत अभ्यास और धैर्य के साथ और भी मज़बूत होता जाता है।

हमारी सोच हमारे जीवन की गुणवत्ता को आकार देती है। जब हमारे विचार नकारात्मकता में निहित होते हैं, तो हम अनजाने में एक दुखी जीवन का निर्माण करते हैं—न केवल अपने लिए, बल्कि अपने आस-पास के लोगों के लिए भी। बहुत से लोग यह समझने में विफल रहते हैं कि नकारात्मक सोच अक्सर हमारे दुखों का मूक निर्माता होती है।

हम निराशावाद को पकड़े रहते हैं, संदेह दोहराते हैं, और नकारात्मकता को अनियंत्रित रूप से बढ़ने देते हैं। समय के साथ,

यह मानसिक अव्यवस्था एक भारी बोझ बन जाती है, जिससे हर दिन पिछले दिन से ज़्यादा कठिन लगता है।

फिर भी, एक खुशहाल, अधिक संतुष्टिदायक जीवन का मार्ग आश्चर्यजनक रूप से सरल है: यह हमारी विचार प्रक्रिया को सही करने से शुरू होता है। जब हम सचेत रूप से अपने मन से नकारात्मकता को दूर करना शुरू करते हैं, तो हम एक गहन बदलाव का अनुभव करना शुरू कर देते हैं। जीवन हल्का, उज्जवल और अधिक सार्थक हो जाता है।

जितना अधिक हम अपने मन को सकारात्मक विचारों से भरते हैं, उतना ही हम बदलते हैं—न केवल अपने मूड को, बल्कि अपने पूरे अस्तित्व को। सकारात्मकता केवल एक मानसिकता नहीं है; यह जीवन जीने का एक तरीका है। और हर उत्साहवर्धक विचार के साथ, हम उस आनंदित, दृढ़ व्यक्ति बनने के और करीब पहुँचते हैं जो हम हमेशा से बनना चाहते थे।

जीवन के हर क्षेत्र में सबसे सफल लोग इस शांत शक्ति को साझा करते हैं: कठिन राह पर भी आशावादी बने रहने की क्षमता। उनका सकारात्मक दृष्टिकोण उन्हें असफलता से नहीं बचाता—यह उन्हें उससे सीखने, अनुकूलन करने और दृढ़ता तथा उद्देश्य की स्पष्टता के साथ आगे बढ़ते रहने के लिए सक्षम बनाता है। आज, हम यह पता लगाएंगे कि यह मानसिकता सफलता को कैसे प्रभावित करती है और इसे अपने भीतर पोषित करने के तरीके खोजेंगे।

बुद्ध ने इसे बहुत खूबसूरती से व्यक्त किया है: "जैसे एक कलाकार एक चित्र बनाता है, वैसे ही मन की गतिविधियों से परिवेश का निर्माण होता है।" हमारा मानसिक लेंस उस वास्तविकता को आकार देता है जिसमें हम रहते हैं। जब हम सकारात्मक सोचते हैं, तो हम संभावनाओं और विकास से भरी

दुनिया का निर्माण करते हैं। लेकिन जब नकारात्मकता हावी हो जाती है, तो वही दुनिया सीमाओं और हतोत्साह से घिर जाती है।

सभी सफल व्यक्तियों में एक शक्तिशाली गुण होता है—अपनी तात्कालिक परिस्थितियों से परे देखने की क्षमता। वे अराजकता से परे देखते हैं, एक उज्जवल भविष्य की कल्पना करते हैं जो उनकी प्रेरणा को बढ़ावा देता है और उनके कार्यों का मार्गदर्शन करता है। सकारात्मक सोच अंध आशावाद नहीं है; यह आंतरिक स्पष्टता ही है जो हमें बाधाओं को आगे बढ़ने के निमंत्रण के रूप में और प्रत्येक चुनौती को हमारी व्यापक क्षमता के द्वार के रूप में देखने में मदद करती है।

सकारात्मक सोच संभावनाओं का बीज, लचीलेपन की चिंगारी और हर सार्थक जीत के पीछे की शांत शक्ति है। यह व्यक्तियों को नए रास्ते खोजने, अपने आस-पास के लोगों का उत्थान करने और अटूट आत्मविश्वास के साथ कठिनाइयों का सामना करने में सक्षम बनाती है। अनिश्चितताओं से भरी इस दुनिया में, हमारी परिस्थितियाँ नहीं, बल्कि हमारी मानसिकता ही अंततः हमारी यात्रा को आकार देती है।

सकारात्मक विचारक असफलता से अछूते नहीं रहते। उनकी प्रतिक्रिया ही उन्हें अलग करती है। वे अस्वीकृति को हार नहीं मानते—वे इसे प्रतिक्रिया के रूप में देखते हैं, सीखने, समायोजन करने और चुनौती का नए सिरे से सामना करने के निमंत्रण के रूप में। उनकी प्रेरणा भीतर से प्रवाहित होती है, जो आत्मविश्वास और विकास की स्पष्ट दृष्टि में निहित होती है। इसके विपरीत, नकारात्मक सोच बाधाओं को रुकावटों में बदल देती है, भय और आत्म-संदेह को बढ़ाकर क्षमता को सीमित कर देती है।

अनिश्चितता, तनाव या पिछली निराशाओं से प्रेरित नकारात्मकता आसानी से एक आदत बन सकती है। लेकिन जो लोग स्थायी सफलता प्राप्त करते हैं, वे अपने विचारों से नियंत्रित

होने के बजाय उन्हें निर्देशित करना सीखते हैं। वे जानते हैं कि सकारात्मकता का मतलब मुश्किलों को नज़रअंदाज़ करना नहीं है; बल्कि साहस, स्पष्टता और समाधान-केंद्रित सोच के साथ उनका सामना करना है। यही आंतरिक शक्ति उनका सहारा बनती है, जिससे वे मुश्किलों के बावजूद अपने लक्ष्यों पर केंद्रित रह पाते हैं।

कुछ लोग भले ही स्वाभाविक रूप से भाग्यशाली लगें, लेकिन उनकी जीत अक्सर दृढ़ता और मानसिकता से उपजती है। सकारात्मक विचारक विपरीत परिस्थितियों को अपनी पहचान नहीं बनने देते—वे असफलताओं से अर्थ निकालते हैं, सीखे हुए ज्ञान से अपनी प्रतिबद्धता को मज़बूत करते हैं, और नए दृढ़ संकल्प के साथ अपनी खोज जारी रखते हैं। इस तरह, मन या तो हमारा सबसे बड़ा सहयोगी बन जाता है या सबसे कट्टर आलोचक। नकारात्मक विचार हमारी ऊर्जा को खत्म कर देते हैं और रोज़मर्रा की चुनौतियों को बढ़ा देते हैं। हालाँकि, सकारात्मक विचार हमें सशक्त बनाते हैं—लचीलापन, आशावाद और सफलता पाने की इच्छाशक्ति का निर्माण करते हैं।

मन, निस्संदेह, हमारे अस्तित्व का सबसे शक्तिशाली अंग है। इसके बिना, हम जीवन में मिलने वाली ज़्यादातर चीज़ों को हासिल नहीं कर सकते—चाहे वह सफलता हो, खुशी हो या संतुष्टि। हालाँकि कई लेखकों और प्रेरक नेताओं ने इच्छाओं को प्रकट करने की मन की क्षमता के बारे में बात की है, लेकिन मुझे इस अवधारणा पर सच्चा विश्वास तभी हुआ जब मैंने इसे स्वयं अनुभव किया।

मैं जो साझा करने जा रहा हूँ, वे दो वास्तविक जीवन की घटनाएँ हैं जिन्होंने मुझे केंद्रित विचार और हार्दिक इच्छा की अद्‌भुत शक्ति का एहसास कराया। इन अभिव्यक्तियों में समय लगा—तीन से छह महीने—लेकिन जब ये घटित हुईं, तो वे किसी

चमत्कार से कम नहीं लगीं। मेरी पत्नी ने भी मज़ाक में कहा, "अगर तुमने कुछ और चाहा होता, तो शायद वह भी पूरी हो जाती!"

मन की शक्ति को उजागर करने का पहला कदम है विश्वास। आपको सचमुच विश्वास होना चाहिए कि आपके विचार आपकी वास्तविकता को आकार दे सकते हैं। जहाँ तक इसके पीछे के विज्ञान की बात है—चाहे वह क्वांटम भौतिकी हो, न्यूरोप्लास्टिसिटी हो, या ऊर्जा क्षेत्र—मैं यहाँ उस पर विस्तार से नहीं जाऊँगा। महत्वपूर्ण बात यह है कि यह काम करता है। चाहे सचेत रूप से हो या अनजाने में, हम अपने विचारों की ऊर्जा के माध्यम से लगातार अपने जीवन में अनुभवों को आकर्षित करते रहते हैं।

अभिव्यक्ति #1: अंडमान का सपना

एक दिन, एक पत्रिका पढ़ते हुए, मेरी नज़र अंडमान और निकोबार द्वीप समूह पर एक लेख पर पड़ी। प्राचीन समुद्र तटों, साफ़ जल और शांत परिदृश्यों की छवियों ने मेरा मन मोह लिया। मेरे मन में इन द्वीपों पर जाने की तीव्र इच्छा ने जन्म लिया। हालाँकि, उस समय मेरे पास यात्रा के लिए बजट नहीं था, न ही मैं किसी यात्रा की योजना बना रहा था। फिर भी, यह विचार मन में बना रहा। महीनों तक, मैं उन द्वीपों की कल्पना करता रहा—उनकी सुंदरता मेरी कल्पना में अंकित हो गई।

फिर, पाँच महीने बाद, मेरे पिताजी ने एक अप्रत्याशित समाचार के साथ फ़ोन किया: उनके कार्यालय ने अंडमान और निकोबार द्वीप समूह की एक पारिवारिक यात्रा की व्यवस्था की थी, जिसका सारा खर्च कार्यालय द्वारा वहन किया जायेगा। अगले ही महीने, मैंने खुद को उन्हीं समुद्र तटों पर आराम करते पाया जिनकी मैंने पत्रिका पढ़ कर प्रशंसा की थी—बिना एक रुपया खर्च किए। कुछ लोग इसे संयोग या नियति कह सकते हैं, लेकिन मेरा मानना है कि मेरी तीव्र इच्छा और उस वास्तविकता के प्रकट होने के बीच एक सीधा संबंध था।

अभिव्यक्ति #2: जंगली बिल्ली का साथ

दूसरा अनुभव ज़्यादा हालिया और उतना ही गहरा है। लगभग एक साल पहले, हमारे प्यारे कुत्ते की मौत हो गई, जिससे हमारे घर में एक खालीपन आ गया। हमने दूसरा पालतू जानवर ढूँढ़ने की कोशिश की, लेकिन कुछ भी ठीक नहीं लगा। फिर, छह महीने पहले, बचपन की एक याद ताज़ा हो गई—कभी बिल्लियों के साथ मेरा एक खूबसूरत रिश्ता था। मेरे अंदर एक बिल्ली पालने की चाहत पनपने लगी। मैं अक्सर इसके बारे में सोचता था, एक बिल्ली जैसा साथी फिर से पाने की खुशी की कल्पना करता था।

दो महीने पहले, मेरी पत्नी ने हमारे दरवाज़े पर एक अजीबोगरीब जानवर को चुपचाप बैठे देखा। गौर से देखने पर, मुझे एहसास हुआ कि वह एक बिल्ली थी—हालाँकि मैंने पहले कभी ऐसी घरेलू नस्ल की बिल्ली नहीं देखी थी। वह भूखी लग रही थी, इसलिए मैंने उसे खाना दिया। बाद में, मुझे पता चला कि उसने हाल ही में बच्चों को जन्म दिया है। उस दिन के बाद से, वह रोज़ाना हमारे पास आने लगी और धीरे-धीरे हमारी ज़िंदगी का हिस्सा बन गई। आखिरकार, मुझे पता चला कि वह एक जंगली बिल्ली थी—एक दुर्लभ और सुंदर जीव। आज, वह अपने दो बच्चों के साथ नियमित रूप से हमारे घर आती है और मेरे साथ ऐसे समय बिताती है जैसे हम एक-दूसरे को सालों से जानते हों।

इन अभिव्यक्तियों से सबक

इन अनुभवों ने मुझे इस बात का गहरा यकीन दिलाया है कि मन में वह क्षमता होती है जो हम सचमुच चाहते हैं। लेकिन कुछ ज़रूरी सबक याद रखने लायक हैं:

- **इच्छाएँ हृदय से आनी चाहिए।** सतही इच्छाएँ शायद ही कभी अभिव्यक्ति के लिए आवश्यक ऊर्जा प्रदान करती हैं।

- **धैर्य ज़रूरी है।** प्रकटीकरण में समय लगता है। ब्रह्मांड अपनी समय-सीमा पर काम करता है।
- **ध्यान केंद्रित करना महत्वपूर्ण है।** एक स्पष्ट इरादे पर ध्यान केंद्रित करें। बिखरे हुए विचार आपकी ऊर्जा को कम करते हैं और परिणामों में देरी करते हैं।

हम जितना समझते हैं, उससे कहीं ज़्यादा शक्तिशाली हैं। हमारे विचार सिर्फ़ क्षणभंगुर विचार नहीं हैं—वे वास्तविकता के बीज हैं। जब विश्वास, भावना और एकाग्रता से पोषित होते हैं, तो वे ऐसे अनुभवों में खिलते हैं जो हमारे जीवन को आकार देते हैं।

और यही सशक्त सत्य है: मानसिकता बदली जा सकती है। नकारात्मकता से जूझ रहे लोग भी अपनी सोच को नया रूप देना सीख सकते हैं। निरंतर अभ्यास, सजग जागरूकता और निरंतर प्रयास से, कोई भी ऐसी मानसिकता विकसित कर सकता है जो जहाँ दूसरों को समस्याएँ दिखाई देती हैं, वहीं आप को संभावनाएँ दिखाई देती हैं । यह एक क्रमिक प्रक्रिया है—लेकिन यह आशा, संभावना और आत्म-नियंत्रण से भरे जीवन का द्वार खोलती है।

सकारात्मक मानसिकता विकसित करने के सबसे प्रभावी तरीकों में से एक है अपने लक्ष्यों की लगातार पुष्टि करना और अपनी आंतरिक शक्तियों से फिर से जुड़ना। नकारात्मक विचारों को धीरे-धीरे छोड़ने का दैनिक अभ्यास करें और अपना ध्यान प्रत्येक अनुभव के सशक्त पहलुओं पर केंद्रित करें। जागरूकता में यह बदलाव कठिनाइयों को नज़रअंदाज़ नहीं करता—यह उनके सामना करने के हमारे तरीके को बदल देता है।

जब आप किसी कठिन परिस्थिति का सामना करें, तो खुद को याद दिलाएँ: असफलताएँ स्थायी नहीं होतीं, और हर चुनौती में एक छिपा हुआ सबक छिपा होता है। इस दृष्टिकोण को अपनाकर, आप अपने मन को बाधाओं को रुकावटों के बजाय सीढ़ी के रूप में

देखने के लिए प्रशिक्षित करते हैं। समय के साथ, यह आदत आपकी सोच को नया रूप देती है—तनाव को ताकत में और अनिश्चितता को अवसर में बदल देती है।

जल्द ही, आप पाएंगे कि जहाँ दूसरे लोग रुकावटें देखते हैं, वहीं आप ऐसे रास्ते देखेंगे जो खोजे जाने बाकी हैं। यही सकारात्मक सोच की शांत शक्ति है—यह भाग्य से नहीं, बल्कि बदले हुए नज़रिए से दरवाज़े खोलती है।

एक सकारात्मक मन में सफलता के उन रास्तों को उजागर करने की शक्ति होती है जो अन्यथा अनदेखे रह जाते। यह हमें दृढ़ रहने की ऊर्जा, और अधिक प्रयास करने की प्रेरणा और कठिनाइयों का डटकर सामना करने का साहस देता है। जब हम सकारात्मक सोचना शुरू करते हैं, तो हमारी सोच बदल जाती है, और हम हर परिस्थिति में अच्छाई देखने लगते हैं। हार मानने के बजाय, हम सशक्त महसूस करते हैं, और यही मानसिक बदलाव हमें कठिन समय में भी आगे बढ़ते रहने में मदद करता है।

इसके अलावा, सकारात्मक सोच की आदत न केवल हमें व्यक्तिगत रूप से लाभ पहुँचाती है—यह हमारे आस-पास के लोगों को भी प्रभावित करती है। जब हम सकारात्मकता का संचार करते हैं, तो हम दूसरों को प्रोत्साहित और उत्साहित करते हैं, जिससे एक ऐसा वातावरण बनता है जो विकास और खुशी को बढ़ावा देता है। इसका मतलब है कि एक सकारात्मक दृष्टिकोण हमें न केवल व्यक्तिगत सफलता की ओर ले जाता है, बल्कि बेहतर रिश्ते बनाने, एक सहयोगी समुदाय बनाने और अपने आसपास की दुनिया पर सकारात्मक प्रभाव डालने में भी मदद करता है।

अब तक हमने जो भी कौशल सीखे हैं, वे सफलता के ताने-बाने में एक महत्वपूर्ण सूत्र का काम करते हैं। इनमें, सकारात्मक सोच एक आधारशिला की तरह है—पूरी तस्वीर नहीं, बल्कि वह नींव जिस पर बाकी सब कुछ टिका है। जब इसे अनुशासन,

एकाग्रता और दृढ़ता जैसी आदतों के साथ जोड़ा जाता है, तो यह परिवर्तन के लिए एक शक्तिशाली बल बन जाती है।

सफलता कोई ऐसी मंज़िल नहीं है जिस तक आप एक बार पहुँच जाते हैं—यह निरंतर विकास, सीखने और अनुकूलन की एक यात्रा है। चुनौतियाँ अपरिहार्य हैं, लेकिन सही मानसिकता के साथ, वे प्रगति का ईंधन बन जाती हैं। सकारात्मक सोच हमें आंतरिक उपकरण प्रदान करती है जो हमें असफलताओं को फिर से परिभाषित करने, प्रेरित रहने और उद्देश्यपूर्ण तथा स्पष्ट रूप से अपने लक्ष्यों की ओर बढ़ते रहने में मदद करती है।

जब हम अन्य सफलता-उन्मुख गुणों के साथ-साथ सकारात्मकता का अभ्यास करते हैं, तो हम एक ऐसी मानसिकता का निर्माण करते हैं जो न केवल प्रतिक्रियाशील होती है, बल्कि सक्रिय भी होती है—जो किसी भी प्रतिकूलता पर विजय पाने और परिवर्तन के माध्यम से फलने-फूलने में सक्षम होती है। सच्ची सफलता लचीलेपन, दृढ़ संकल्प और सकारात्मक मन की शांत लेकिन अटूट शक्ति से निर्मित होती है।

निःसंदेह, सकारात्मक सोच स्थायी सफलता की आधारशिला है। यह न केवल दुनिया को देखने के हमारे नज़रिए को बदलती है—यह उसमें हमारे व्यक्तित्व को भी बदल देती है। यह हमारी प्रतिक्रियाओं को प्रभावित करती है, हमारे लचीलेपन को आकार देती है, और जीवन के अपरिहार्य उतार-चढ़ावों में एक मार्गदर्शक प्रकाश बन जाती है।

अपने लक्ष्यों का पीछा करते हुए, हमेशा याद रखें: आपके विचार आपकी वास्तविकता को आकार देते हैं। हर कार्य एक विश्वास से शुरू होता है। आशावाद और उद्देश्य में निहित मानसिकता को चुनकर, आप संभावनाओं और सार्थक उपलब्धियों से भरपूर जीवन की नींव रख रहे हैं।

निरंतर सकारात्मकता के साथ, बाधाएँ अपनी धार खो देती हैं। सपने अब दूर नहीं लगते—वे प्राप्त करने योग्य हो जाते हैं। सबसे शक्तिशाली यात्राएँ आदर्श परिस्थितियों से नहीं, बल्कि सशक्त सोच से शुरू होती हैं।

इसलिए सकारात्मक सोच को वह ईंधन बनाएँ जो आपको आगे बढ़ाए। क्योंकि जब आपका मन आशा के साथ जुड़ा होता है, तो कोई भी बाधा बहुत बड़ी नहीं होती और कोई भी सपना बहुत दूर नहीं होता। सही सोच के साथ, असंभव भी संभव लगने लगता है।

चमत्कार केवल दुर्लभ घटनाएँ नहीं हैं—वे अटूट सकारात्मक सोच का स्वाभाविक परिणाम हैं। मैंने इस सच्चाई को जिया है। जानलेवा बीमारी के बाद फिर से उठ खड़े होने से लेकर एक ऐसे जीवनसाथी को पाने तक जो मुझे सचमुच समझता है... अपने जुनून का पीछा करने से लेकर एक ऐसे जीवन को आकार देने तक जो मेरी गहरी इच्छाओं को दर्शाता है—हर मील का पत्थर जादू जैसा लगा। लेकिन यह जादू आकस्मिक नहीं था। यह एक ऐसी मानसिकता से पैदा हुआ था जिसने नकारात्मकता के आगे झुकने से इनकार कर दिया।

मेरे पूरे सफ़र में, कई लोगों ने मुझ पर शक किया। उन्होंने मुझे बताया कि मेरे सपने अवास्तविक हैं, मेरी उम्मीदें बहुत ऊँची हैं। कुछ ने तो खुद को दूर भी कर लिया, सिर्फ़ इसलिए नाराज़गी के साथ क्योंकि मैंने किसी बेहतर चीज़ पर विश्वास करने की हिम्मत की। लेकिन मैंने उनके अविश्वास को अपनी हक़ीक़त नहीं बनने दिया।

मैंने अपने दिल की सुनने का फ़ैसला किया—शोर की नहीं। अगर मैं उन नकारात्मक आवाज़ों के आगे झुक जाता, तो मैं ख़ुद की परछाईं बन जाता—निराश, कड़वा और खोया हुआ। इसके

बजाय, मैंने विश्वास, आशावाद और आंतरिक दृढ़ विश्वास की शांत शक्ति को अपनाया। और इसी ने सब कुछ बदल दिया। सकारात्मकता सिर्फ़ एक सोच नहीं है—यह बदलाव का द्वार है। जब हम अपने विचारों को आशा और संभावना के साथ जोड़ते हैं, तो जीवन भी उसी तरह प्रतिक्रिया देना शुरू कर देता है। दरवाज़े खुलते हैं। उपचार शुरू होता है। प्रेम अपना रास्ता ढूँढ़ लेता है। और हम पाते हैं कि असंभव बस हमारे विश्वास का इंतज़ार कर रहा था।

इसलिए सकारात्मक सोच का हाथ कसकर थामे रहिए—यह जीवन के हर तूफ़ान में आपका मार्गदर्शन करेगी।

7 - आत्मविश्वास

आत्मविश्वास एक गुण से कहीं बढ़कर है—यह व्यक्तिगत और व्यावसायिक सफलता का आधार है। यह इस बात को प्रभावित करता है कि दूसरे हमें कैसे देखते हैं, हम खुद को कैसे पेश करते हैं, और जीवन की चुनौतियों का हम कैसे सामना करते हैं। हालाँकि इसके महत्व के बारे में अक्सर बात की जाती है, यह आश्चर्यजनक है कि लोग कितनी बार इसकी असली ताकत को कम आंकते हैं।

25 वर्षों के व्यावहारिक अनुभव और सफल व्यक्तियों के जीवन का बारीकी से अवलोकन करने के बाद, एक सच्चाई स्पष्ट है: आत्मविश्वास वैकल्पिक नहीं है—यह आवश्यक है। आपके पास बुद्धिमत्ता, प्रतिभा और प्रेरणा हो सकती है, लेकिन आत्मविश्वास के बिना, ये गुण निष्क्रिय रहते हैं। क्यों? क्योंकि आत्मविश्वास क्षमता को सक्रिय करता है। यह हमें जोखिम उठाने, निर्णय लेने और दुनिया के सामने अपना मूल्य प्रदर्शित करने की शक्ति देता है।

आत्मविश्वास हमारे द्वारा विकसित किए जाने वाले हर कौशल को मज़बूत बनाता है। यह स्पष्ट संचार, साहसिक नेतृत्व, सार्थक संबंधों और अभूतपूर्व नवाचार के पीछे की मौन शक्ति है। इसके बिना, सबसे प्रतिभाशाली व्यक्ति भी संकोच कर सकते हैं, खुद पर संदेह कर सकते हैं, या उन अवसरों से चूक सकते हैं जिनका दावा किया जाना बाकी है।

अगर आप सफलता पाना चाहते हैं, तो इस विश्वास को पोषित करके शुरुआत करें कि आप जिस क्षेत्र में प्रयास कर रहे हैं, उसमें आप शामिल हैं। आत्मविश्वास अहंकार नहीं है—यह आत्मविश्वास है। और जब यह आपके कार्यों को आधार प्रदान करता है, तो आप पाएंगे कि आपकी योग्यताएँ अब फुसफुसाती नहीं—दहाड़ती हैं।

आज की परस्पर जुड़ी और सामाजिक रूप से गतिशील दुनिया में, सफलता अक्सर सिर्फ़ कौशल से नहीं, बल्कि धारणा से भी प्रभावित होती है। चाहे वह नौकरी का साक्षात्कार हो, सार्वजनिक प्रस्तुति हो, या अनौपचारिक परिचय हो, दूसरे हमें जिस तरह से देखते हैं, वह अवसरों और परिणामों को सीधे प्रभावित कर सकता है। और एक गुण हमेशा एक स्थायी छाप छोड़ता है: **आत्मविश्वास।**

आत्मविश्वास, भावनात्मक शक्ति और तत्परता का संचार करता है। यह एक शक्तिशाली संकेत देता है कि आप विश्वसनीय, समाधान-उन्मुख और हर परिस्थिति में तैयार रहने के लिए तैयार हैं। मूल्यांकनात्मक परिस्थितियों में—जैसे साक्षात्कार—एक आत्मविश्वासी उम्मीदवार अक्सर सिर्फ़ योग्यताओं के कारण ही नहीं, बल्कि इसलिए भी अलग दिखता है क्योंकि उसकी उपस्थिति विश्वास और क्षमता का एहसास कराती है।

यहाँ तक कि जब किसी के पास थोड़ी कम योग्यताएँ होती हैं, तब भी उसका आत्मविश्वास तराजू को झुका सकता है। यह विश्वास जगाता है, छिपी हुई क्षमता और आगे बढ़ने की क्षमता का संकेत देता है। इसीलिए आत्मविश्वास एक गुण से कहीं बढ़कर है—यह एक अनकहा लाभ है। यह दूरियों को नजदीक लाता है, उपस्थिति को बढ़ाता है, और दूसरों को न केवल यह देखने में मदद करता है कि आप अभी कौन हैं, बल्कि यह भी कि आप क्या बन सकते हैं।

आत्मविश्वास केवल बोर्डरूम या साक्षात्कारों तक ही सीमित नहीं है—यह एक शांत शक्ति है जो हमारी रोज़मर्रा की बातचीत को आकार देती है। व्यक्तिगत और व्यावसायिक दोनों ही क्षेत्रों में, हम स्वाभाविक रूप से उन व्यक्तियों की ओर आकर्षित होते हैं जो आत्मविश्वास से भरपूर होते हैं। उनकी उपस्थिति ही विश्वास को बढ़ावा देती है, शक्ति, स्पष्टता और क्षमता का संकेत देती है।

ज़रा सोचिए: जब किसी महत्वपूर्ण निर्णय या परियोजना का सामना करना पड़ता है, तो हम एक आत्मविश्वासी मित्र की ओर मुड़ने की अधिक संभावना रखते हैं। क्यों? क्योंकि उनका धैर्य विश्वसनीयता का संकेत देता है। वे तत्परता प्रदर्शित करते हैं—न केवल शब्दों में, बल्कि ऊर्जा में भी। हम सहज रूप से मानते हैं कि वे चुनौती का सामना करेंगे, मार्गदर्शन देंगे और उसे पूरा करेंगे।

दूसरी ओर, जो लोग हिचकिचाते या अनिश्चित दिखाई देते हैं, वे बदले में दूसरों को भी हिचकिचाहट का कारण बन सकते हैं—न कि निर्णय के कारण, बल्कि अनिश्चितता के कारण। आत्मविश्वास की कमी चुपचाप दृढ़ संकल्प की कमी का संकेत दे सकती है, जिससे हम दबाव को संभालने या प्रभावी ढंग से नेतृत्व करने की उनकी क्षमता पर संदेह करने लगते हैं।

आत्मविश्वास, तब, एक सेतु बन जाता है—यह लोगों को जोड़ता है, विश्वास अर्जित करता है और ज़िम्मेदारी को आमंत्रित करता है। यह पूर्णता के बारे में नहीं है—यह दृढ़ विश्वास के बारे में है। और रिश्तों और साझा चुनौतियों पर बनी दुनिया में, यह दृढ़ विश्वास बहुत बड़ा बदलाव ला सकता है।

पूरे इतिहास या अपने जीवन के सबसे प्रेरक नेताओं के बारे में सोचें—ऐसे व्यक्ति जो सम्मान अर्जित करते हैं और अपने आसपास के लोगों को प्रेरित करते हैं। उनके सबसे प्रमुख गुणों में से एक अक्सर उनका आत्मविश्वास होता है। चाहे वे भीड़ को संबोधित कर

रहे हों, कठिन निर्णय ले रहे हों, या संकटों से जूझ रहे हों, वे आत्मविश्वास की एक स्थिर भावना बनाए रखते हैं।

यह आंतरिक आत्मविश्वास ही दूसरों को उनका अनुसरण करने, उनके विचारों को सुनने और उनके निर्णय पर भरोसा करने के लिए प्रोत्साहित करता है। एक आत्मविश्वासी नेता चुनौतियों का डटकर सामना कर सकता है, अपनी टीम को दृढ़ रहने और सफलता के लिए प्रयास करने के लिए प्रेरित कर सकता है।

आत्मविश्वास केवल इस बारे में नहीं है कि हम बड़े, सार्वजनिक क्षणों में कैसे कार्य करते हैं; यह हमारे रोज़मर्रा के व्यवहार में झलकता है, हमारे चलने के तरीके से लेकर दूसरों के साथ हमारे व्यवहार तक। किसी व्यक्ति का व्यवहार, उसकी आवाज़ का लहजा और असफलताओं को संभालने की उसकी क्षमता, ये सभी उसके आत्मविश्वास के स्तर को दर्शाते हैं।

आत्मविश्वासी व्यक्ति चुनौतियों का अधिक प्रभावी ढंग से सामना करते हैं, एक शांत व्यवहार प्रदर्शित करते हैं जो दूसरों को आश्वस्त करता है। यह प्रभावित कर सकता है कि हर बातचीत में लोग हमें कैसे देखते हैं, जिससे आत्मविश्वास एक महत्वपूर्ण संपत्ति बन जाता है जो हमारे रिश्तों और अवसरों को सूक्ष्म रूप से आकार देता है।

आत्मविश्वास के बारे में सबसे सशक्त सत्यों में से एक यह है कि यह स्थिर नहीं होता—यह बढ़ता है। कोई भी व्यक्ति पूरी तरह से आत्मविश्वास के साथ दुनिया में प्रवेश नहीं करता। यह एक ऐसा कौशल है जो अनुभव से आकार लेता है, अभ्यास से दृढ़ होता है, और हर चुनौती के माध्यम से तेज होता है जिसका हम सामना करने का साहस करते हैं।

कई सफल व्यक्तियों ने अपनी यात्रा आत्म-संदेह के साथ शुरू की, धीरे-धीरे अपने डर का सामना करके और अपनी गलतियों को सीढ़ी मानकर आत्मविश्वास विकसित किया। उनका परिवर्तन

तुरंत नहीं हुआ था—यह भेद्यता और दृढ़ता के क्षणों के माध्यम से अर्जित किया गया था।

जब मैं अपने जीवन पर पीछे मुड़कर देखता हूँ, तो मुझे वह समय याद आता है जब आत्मविश्वास दूर की कौड़ी लगता था। दो दशक पहले, मैं चुनौतियों से कतराता था, अपनी क्षमताओं को लेकर अनिश्चित था और अपने आराम क्षेत्र की सुरक्षा को छोड़ने में हिचकिचाता था। मेरी दुनिया छोटी लगती थी—इसलिए नहीं कि मेरे पास अवसरों की कमी थी, बल्कि इसलिए कि मैं उन्हीं परिस्थितियों से बचता था जो मुझे आगे बढ़ने में मदद कर सकती थीं।

लेकिन विकास वहीं से शुरू होता है जहाँ आराम खत्म होता है। समय के साथ, मैंने सीखा कि आत्मविश्वास आता नहीं—उसे आमंत्रित किया जाता है। यह हर बार प्रकट होता है जब हम हिम्मत करते हैं, हर बार जब हम कोशिश करते हैं, हर बार जब हम हिचकिचाहट के बजाय साहस चुनते हैं।

समय के साथ, मुझे एहसास हुआ कि मेरा आत्मविश्वास की कमी मुझे पीछे खींच रही थी। मैंने खुद को अपने डर का सामना करने के लिए ज़्यादा प्रेरित करना शुरू कर दिया और उन क्षेत्रों में सुधार करने पर काम किया जहाँ मैं असुरक्षित महसूस करता था। मैंने अभ्यास किया, कभी-कभी असफल रहा, और फिर दोबारा कोशिश की, और अपने आत्मविश्वास में धीरे-धीरे बदलाव देखा।

दिन-ब-दिन मेरा आत्मविश्वास बढ़ने लगा। आज, मेरे कई पुराने दोस्त इस बदलाव से हैरान हैं। उनमें से कुछ तो मेरे इस नए रूप से असहज भी महसूस करते हैं क्योंकि वे पहले मेरे शांत और कम आत्मविश्वासी व्यक्तित्व के आदी थे।

लेकिन हर चुनौती का सामना करने के साथ, मैंने कई अनमोल सबक सीखे जिनसे मुझे और मज़बूत बनने में मदद मिली। मेरे

प्रयासों और मुझे प्रोत्साहित करने वालों के सहयोग की बदौलत, अब मैं किसी भी परिस्थिति का सामना करने और अपने लक्ष्यों की ओर लगातार काम करने में आत्मविश्वास से भरा हूँ।

आत्मविश्वास में यह बदलाव कोई भी अनुभव कर सकता है। आपको आत्म-संदेह या असफलता के डर से सीमित जीवन जीने की ज़रूरत नहीं है। अभ्यास और समर्पण के ज़रिए, अपने कम्फर्ट ज़ोन से बाहर निकलकर और अपनी क्षमताओं को बढ़ाने वाले नए कौशल सीखकर आत्मविश्वास का निर्माण किया जा सकता है। छोटे-छोटे लक्ष्य निर्धारित करके शुरुआत करें और उन सभी डरों या शंकाओं का सामना करें जो आपको पीछे धकेल रही हैं। समय के साथ, हर सफलता, चाहे वह कितनी भी छोटी क्यों न हो, आपको एक मज़बूत और ज़्यादा आत्मविश्वासी व्यक्तित्व की नींव रखने में मदद करेगी।

हालाँकि, यह याद रखना ज़रूरी है कि आत्मविश्वास संतुलित होना चाहिए। हालाँकि आत्मविश्वास ज़रूरी है, लेकिन अति आत्मविश्वास अपनी ही समस्याओं को जन्म दे सकता है। अति आत्मविश्वास तब होता है जब हम अपनी क्षमताओं को ज़रूरत से ज़्यादा आंकते हैं, जिससे गलतियाँ होती हैं या विकास के अवसर चूक जाते हैं।

सच्चा आत्मविश्वास यथार्थवादी आत्म-मूल्यांकन पर आधारित होता है—यह अपनी खूबियों को स्वीकार करता है और साथ ही सुधार के क्षेत्रों के प्रति जागरूक रहता है। सच्चे आत्मविश्वास का मतलब कभी असफल न होना नहीं है; इसका मतलब है असफल होने के लिए तैयार रहना और हर अनुभव से सीखना। यही संतुलन हमें विनम्र, लचीला और निरंतर विकास के लिए तैयार रहने में मदद करता है।

आत्मविश्वास सफलता को आकार देने वाले कई गुणों में से एक है—लेकिन यही वह गुण है जो इन सभी को सशक्त बनाता

है। यह आपको अवसरों का पीछा करने, चुनौतियों का डटकर सामना करने और अपने आस-पास के लोगों को दृढ़ विश्वास और शालीनता से आगे बढ़ाने के लिए सक्षम बनाता है। जब आत्मविश्वास को विनम्रता, लचीलेपन और विकास की चाह के साथ विकसित किया जाता है, तो यह एक परिवर्तनकारी शक्ति बन जाता है—जो व्यक्तिगत विकास और बाहरी प्रभाव, दोनों को बढ़ावा देता है।

आत्मविश्वास की खूबसूरती इसकी सुलभता में निहित है। आपको इसके साथ पैदा होने की ज़रूरत नहीं है—आप इसे गढ़ते हैं। कदम दर कदम, अनुभव दर अनुभव, जैसे-जैसे आप असुविधाओं का सामना करते हैं, असफलताओं से सीखते हैं, और अपनी योग्यता को पुनः पुष्ट करते हैं। और आगे बढ़ने के हर कदम के साथ, कुछ उल्लेखनीय घटित होता है: दरवाज़े खुलते हैं, संदेह मिटते हैं, और उद्देश्य की एक गहरी भावना जड़ पकड़ने लगती है।

चाहे आप रिश्तों को मज़बूत कर रहे हों, करियर के लक्ष्यों का पीछा कर रहे हों, या आत्म-खोज की गहराइयों को तलाश रहे हों, आत्मविश्वास आपके उत्प्रेरक का काम करता है—एक चिंगारी जो इरादे को कार्रवाई में और क्षमता को प्रगति में बदल देती है। शुरुआत करने में कभी देर नहीं होती। इस सफ़र को अपनाएँ। आत्मविश्वास को अपना सहयोगी बनाएँ, और आप पाएँगे कि सफलता—अपनी शर्तों पर—न सिर्फ़ संभव है, बल्कि अपरिहार्य भी है।

8 – अब और न डरें

अपने जीवन को परिभाषित करना मुश्किल है—लेकिन अपने डर को परिभाषित करना उससे भी ज़्यादा मुश्किल है। डर सिर्फ़ एक गुज़र जाने वाली भावना नहीं है; यह हमारे अस्तित्व का एक मूलभूत हिस्सा है। इस दुनिया में शायद ही कोई ऐसा जीव हो जो इससे अछूता हो। हाल ही में, मैंने एक गहन सत्य का पता लगाया: डर अकेले पैदा नहीं होता—यह निर्मित होता है। और अगर हम डर की संरचना को समझ सकें, तो हम इसे तोड़ना शुरू कर सकते हैं।

डर के सबसे मज़बूत स्तंभों में से एक है प्रेम। जैसे-जैसे हम चीज़ों या लोगों को अपने जीवन में स्वीकार करते हैं, हम उन्हें संजोने लगते हैं। हमारा प्रेम जितना गहरा होता है, उन्हें खोने का डर उतना ही ज़्यादा होता है। जो हम मुश्किल से हासिल करते हैं, वह और भी कीमती हो जाता है—और उसे खोने का ख़याल असहनीय हो जाता है। समय के साथ, यह प्रेम जुनून में बदल सकता है। हम इन चीज़ों को बाहरी संपत्ति के रूप में नहीं, बल्कि खुद के विस्तार के रूप में देखने लगते हैं। इस अवस्था में, खोने का एक हल्का सा सपना भी हमारी पहचान में दरार जैसा लगता है। यह मृत्यु के भय जैसा है—एक ऐसा भय जो अंधेरे और अज्ञात में पैदा होता है।

दुनिया भर में, लोग चुपचाप इन डरों से जूझ रहे हैं। थोड़ी मात्रा में, डर विनम्र कर सकता है—यह हमें हमारी सीमाओं और अस्तित्व की विशालता में हमारी नाज़ुक स्थिति की याद दिलाता है। लेकिन जब डर अनियंत्रित रूप से बढ़ता है, तो यह विनाशकारी हो जाता है। यह ज़िंदगियाँ चुरा सकता है, और जब ऐसा नहीं होता, तब भी यह जीवन की गुणवत्ता को नष्ट कर देता है।

इसलिए ज़रूरी है कि हम अपने डर का निदान करें—न कि सिर्फ़ उन्हें दबाएँ—और सचेत रूप से मुक्ति की दिशा में काम करें।

डर एक अदृश्य शक्ति है जो चुपचाप हमारे जीवन की रूपरेखा तय करती है। अगर इसे अनियंत्रित छोड़ दिया जाए, तो यह सिर्फ़ एक भावना नहीं, बल्कि एक बाधा बन जाती है। यह हमें अपने सपनों को साकार करने, साहसी विकल्प चुनने और पूर्णता व स्वतंत्रता के साथ जीने से रोकती है।

डर कमज़ोरी नहीं है—यह मानवीय है। फिर भी, जब डर हावी होने लगता है, तो यह संभावनाओं की रोशनी को मंद कर देता है और हमें झिझक की ज़ंजीरों में जकड़ लेता है। जैसा कि आध्यात्मिक गुरु ओशो ने बहुत ही समझदारी से कहा था, "ज़िंदगी वहीं शुरू होती है जहाँ डर खत्म होता है।" इन चंद शब्दों में गहरा सच छिपा है: जिस क्षण हम डर से आगे बढ़ते हैं, हम बदलाव की ओर कदम बढ़ाते हैं।

डर से खुद को आज़ाद करने से एक आंतरिक शक्ति का संचार होता है—जोखिम उठाने, सच बोलने, उन रास्तों पर चलने का साहस जो कभी असंभव लगते थे। अचानक, ज़िंदगी खुल जाती है। साहसिक फैसले स्वाभाविक लगते हैं। चुनौतियाँ निमंत्रण बन जाती हैं, ख़तरा नहीं।

हममें से कई लोगों ने, जिनमें मैं भी शामिल हूँ, अनगिनत मौके गँवाए हैं—इसलिए नहीं कि हममें क्षमता की कमी थी, बल्कि इसलिए कि जिस पल हमें साहस की सबसे ज़्यादा ज़रूरत थी, उसी पल डर ने हमें जकड़ लिया। डर एक अदृश्य ज़ंजीर की तरह है, जो चुपचाप हमारे सपनों से जकड़ी हुई है, और हमें उस तक पहुँचने से रोक रही है जिसकी हम सचमुच चाहत रखते हैं। यह चीखता नहीं; यह शंकाओं को फुसफुसाता है। यह रास्ता नहीं रोकता; यह हमें उस पर न चलने के लिए मनाता है।

अपनी पूरी क्षमता का एहसास करने के लिए, हमें इस खामोश कैद से आज़ाद होना सीखना होगा। हर बार जब हम हिचकिचाहट के बजाय साहस चुनते हैं, तो हम डर की पकड़ ढीली कर देते हैं और उस ज़िंदगी के करीब पहुँच जाते हैं जिसे हमें जीना है। जिस पल हम डर को अपनी पसंद तय करने देना बंद कर देते हैं, वही पल है जब हम सचमुच विकसित होना शुरू करते हैं।

डर का सामना करना अपने जीवन को पुनः प्राप्त करना है। यहीं से सच्ची आज़ादी शुरू होती है—बेचैनी से बचने में नहीं, बल्कि दृढ़ विश्वास के साथ उससे आगे बढ़ने में।

कई लोगों के लिए, डर एक खामोश द्वारपाल बन जाता है—उस ज़िंदगी के रास्ते को रोक देता है जिसकी उन्हें सचमुच चाहत होती है। यह कई भेष धारण करता है: असफलता का डर, निर्णय का डर, अनिश्चितता का डर, और यहाँ तक कि सफलता का डर भी। हालाँकि ये डर हर व्यक्ति में अलग-अलग हो सकते हैं, लेकिन अक्सर इनका नतीजा एक ही होता है—सीमाएँ।

सपनों का पीछा करने के बजाय, लोग पीछे हट जाते हैं। उनके विचार चिंता में डूब जाते हैं, उनके निर्णय संदेह में डगमगा जाते हैं, और उनके कार्य झिझकते या पूरी तरह से रुक जाते हैं। धीरे-धीरे, उनकी क्षमताएँ दम तोड़ देती हैं—इसलिए नहीं कि उनमें क्षमता

की कमी है, बल्कि इसलिए कि डर उन्हें कोशिश न करने के लिए मना लेता है।

फिर भी, डर, चाहे कितना भी आश्वस्त करने वाला क्यों न हो, नियति नहीं है। अगर हम प्रामाणिक रूप से जीना चाहते हैं और अपने सपनों का जीवन अपनाना चाहते हैं, तो डर पर विजय पाना ज़रूरी है। आज़ादी की शुरुआत उस चीज़ का सामना करने से होती है जो हमें पीछे धकेलती है। जब हम अपने डर को समझते हैं—और उनसे पार पाना सीखते हैं—तो हम साहस, स्पष्टता और संभावना को उजागर करते हैं। क्योंकि डर के परे ही जीवन विस्तृत होता है। और यहीं आपका सच्चा स्वरूप इंतज़ार कर रहा है।

अगर हम उन लोगों के जीवन का अध्ययन करें जिन्होंने बड़ी सफलता हासिल की है, तो हम अक्सर पाते हैं कि उनमें एक समानता है: उन्होंने अपने डर पर विजय पाना सीखा। अपने डर का डटकर सामना करने से उन्हें आगे बढ़ने में मदद मिली, चाहे रास्ता कितना भी चुनौतीपूर्ण क्यों न लगे। उन्होंने समझा कि अपने लक्ष्यों तक पहुँचने के लिए, उन्हें डर को पीछे छोड़ना होगा।

हाल ही में, मेरा एक ऐसा अनुभव हुआ जो इस अवधारणा को पूरी तरह से दर्शाता है। मैं पहाड़ियों में एक संकरी, घुमावदार सड़क पर गाड़ी चला रहा था, और शुरुआत में तो मुझे डर लगा। हालाँकि, धीरे-धीरे और सावधानी से गाड़ी चलाते हुए, मैं अपनी चिंता से उबर पाया।

जल्द ही, मुझे ड्राइव का आनंद आने लगा, और यह मेरी अब तक की सबसे यादगार और रोमांचक रोड ट्रिप में से एक बन गई। उस अनुभव ने मुझे सिखाया कि डर अक्सर एक अस्थायी बाधा ही होता है। इसका सीधा सामना करके, हम उस चीज़ को, जो कभी डरावनी लगती थी, किसी गहरी संतुष्टिदायक चीज़ में बदल सकते हैं।

डर, जब संतुलित रखा जाए, तो एक शांत रक्षक की तरह काम कर सकता है। यह एक स्वाभाविक प्रवृत्ति है, जो जीवित रहने में निहित है, और हमें खतरे के नज़दीक आने पर सचेत करने के लिए डिज़ाइन की गई है। थोड़ा सा डर हमें सतर्क, चौकस और तैयार रख सकता है। लेकिन जब डर हमारे फैसलों पर हावी होने लगता है और हमारे विचारों पर कब्ज़ा कर लेता है, तो यह सुरक्षात्मक से पंगु बना देता है।

हमें सुरक्षा की ओर ले जाने या हमारा ध्यान केंद्रित करने के बजाय, यह हमारे आत्मविश्वास को कम करने लगता है। संदेह घर कर जाता है। हम हिचकिचाते हैं, टालमटोल करते हैं, और उन्हीं सपनों को छोड़ देते हैं जिनका हमें पीछा करना था। वह ऊर्जा जो विकास को गति दे सकती थी, चिंता और झिझक में खत्म हो जाती है।

उस ऊर्जा को पुनः प्राप्त करने के लिए, हमें अपना ध्यान केंद्रित करना होगा। जब उद्देश्य हमें आगे बढ़ाता है, तो डर गायब हो जाता है। अपने लक्ष्यों पर फिर से ध्यान केंद्रित करना—और खुद को उस ताकत की याद दिलाना जो हमारे पास पहले से ही है—पहला कदम है। इरादे, तैयारी और निरंतर अभ्यास से, कई डर कम किए जा सकते हैं, या यहाँ तक कि उन्हें बदला भी जा सकता है।

उदाहरण के लिए, सार्वजनिक भाषण को ही लीजिए। अगर यह आपको डराता है, तो छोटी शुरुआत करें। किसी भरोसेमंद समूह से बात करें। हर कोशिश से आत्मविश्वास बढ़ने दें। धीरे-धीरे, जो कभी असंभव लगता था, वह आपका अपना कौशल बन जाता है। और यह सच्चाई बोलने से कहीं आगे तक फैली हुई है—कोई भी महारत के साथ पैदा नहीं होता; यह साहस और दोहराव के क्षणों में अर्जित होती है।

हर कौशल सीखा जा सकता है। हर डर पर विजय पाई जा सकती है। आत्मविश्वास डर से बचने से नहीं, बल्कि बार-बार उससे जूझने से बढ़ता है—जब तक कि वह आपके रास्ते में न आ जाए।

जोसेफ चिल्टन पीयर्स के एक उद्धरण में इसे बखूबी व्यक्त किया गया है: "रचनात्मक जीवन जीने के लिए, हमें गलत होने का डर छोड़ देना चाहिए।" रचनात्मकता आत्म-अभिव्यक्ति के सबसे शुद्ध रूपों में से एक है, एक ऐसा माध्यम जिसके द्वारा हम अपने अनूठे दृष्टिकोण दुनिया के साथ साझा करते हैं। हालाँकि, डर हमारी रचनात्मकता को दबा सकता है, जिससे हम अपने विचारों पर संदेह करने लगते हैं या अपनी क्षमताओं पर संदेह करने लगते हैं।

हम आलोचना या असफलता से इतना डर जाते हैं कि हम कोशिश करना ही बंद कर देते हैं। दुर्भाग्य से, हमारे आस-पास की दुनिया अक्सर उन लोगों की आलोचना करती है जो मानदंडों को चुनौती देने या खुद को खुलकर व्यक्त करने का साहस करते हैं। लेकिन इस आलोचना का एक बड़ा हिस्सा दूसरों के डर में निहित होता है—बदलाव या भिन्नता के उनके अपने डर में। अपने डर को पकड़े रहकर, हम न केवल अपनी क्षमता को सीमित करते हैं, बल्कि उन संदेहों को भी बल देते हैं जो दूसरे हम पर थोप सकते हैं।

यह याद रखना ज़रूरी है कि डर में उतनी ही शक्ति होती है जितनी हम उसे देते हैं। डर अक्सर हमारे अपने मन की रचना होती है, जिसे हम जाने-अनजाने में बनाते और पालते हैं। अपने डर के बजाय अपने लक्ष्यों पर ध्यान केंद्रित करके, हम इसके प्रभाव को कम करना शुरू कर सकते हैं। डर को अपनी ऊर्जा को खत्म करने देने के बजाय, हम अपनी ऊर्जा एक सकारात्मक

मानसिकता बनाने और अपनी आकांक्षाओं की ओर सक्रिय कदम उठाने में लगा सकते हैं।

बदलाव का डर, लोगों को चुपचाप पीछे धकेलने वाले सबसे शक्तिशाली डरों में से एक है। कई लोगों के लिए, बदलाव बेचैन करने वाला होता है—यह दिनचर्या को बाधित करता है, आरामदायक दायरे को हिला देता है, और अपरिचित रास्तों की ओर ले जाता है। अनिश्चितता से घिरा भविष्य, अक्सर हमें अतीत से चिपके रहने या खुद को वर्तमान में बंद कर लेने के लिए मजबूर करता है, इस उम्मीद में कि हम उस चीज़ से बच सकें जिसका हम अनुमान नहीं लगा सकते।

लेकिन बदलाव का विरोध करना हवा से लड़ने जैसा है—यह एक अंतहीन शक्ति है जो जीवन के हर पहलू को आकार देती है। विकास गति पर निर्भर करता है, और गति लचीलेपन की मांग करती है। जब हम बदलाव का विरोध करते हैं, तो हम अनजाने में प्रगति का विरोध करते हैं। हम नई संभावनाओं, अनुभवों और सफलताओं के द्वार बंद कर देते हैं।

जॉन एफ. कैनेडी ने इस सच्चाई को बखूबी समझाया था: "परिवर्तन जीवन का नियम है, और जो लोग केवल अतीत या वर्तमान को देखते हैं, वे निश्चित रूप से भविष्य को चूक जाते हैं।" उनके शब्द हमें याद दिलाते हैं कि परिवर्तन न केवल अपरिहार्य है—यह आवश्यक भी है।

विकसित होने के लिए, हमें बदलाव से डरना नहीं चाहिए—हमें उसकी ओर चलना होगा। पुराने को छोड़कर नए को अपनाना जोखिम भरा लग सकता है, लेकिन इसी जोखिम में हम अपनी ताकत खोज पाते हैं। हर बदलाव के साथ, ज़िंदगी हमें आगे बढ़ने, खुद को नए सिरे से परिभाषित करने और अपने उद्देश्य के साथ और भी गहराई से जुड़ने का एक नया मौका देती है।

बदलाव दुश्मन नहीं है—यह रास्ता है। और डर? किसी असाधारण चीज़ के किनारे बस एक फुसफुसाहट।

अपने डर का सामना करना सीखना एक परिवर्तनकारी प्रक्रिया है जो हमें पूर्णता और आज़ादी से भरा जीवन जीने की ओर ले जा सकती है। जब हम डर को छोड़ने का फैसला करते हैं, तो हम खुद को अपनी असली क्षमता में कदम रखने देते हैं। एक ऐसे जीवन की कल्पना करें जहाँ निरंतर चिंता या आत्म-संदेह का बोझ न हो—एक ऐसा जीवन जहाँ हम आत्मविश्वास के साथ अपने सपनों का पीछा करें, बिना किसी हिचकिचाहट के सोचे-समझे जोखिम उठाएँ, और हर चुनौती को विकास के अवसर के रूप में देखें।

डर को अलविदा कहने का मतलब यह नहीं है कि हम लापरवाह हो जाएँ या संभावित खतरों को नज़रअंदाज़ कर दें; इसका सीधा सा मतलब है कि हम डर को अपने जीवन की शर्तों पर हावी होने से मना कर दें।

अपनी इच्छानुसार, बिना किसी रोक-टोक के जीने के लिए, हमें डर की गिरफ़्त से आज़ाद होना होगा। इस सफ़र में साहस और दृढ़ता की ज़रूरत होती है, लेकिन इसके परिणाम मेहनत के काबिल होते हैं। हर बार जब हम किसी डर का सामना करते हैं और उस पर विजय पाते हैं, तो हम और मज़बूत होते जाते हैं, हमारा आत्मविश्वास बढ़ता है, और हम अपनी पूरी क्षमता को साकार करने के एक कदम और क़रीब पहुँच जाते हैं।

जब हम डर को दृढ़ संकल्प, आशा और खुद पर विश्वास से बदल देते हैं, तो हम अपने जीवन को अपने नियमों के अनुसार ढालने की क्षमता हासिल कर लेतें हैं। डर समय-समय पर उभर सकता है, लेकिन उस पर हर जीत के साथ, हम भविष्य की

चुनौतियों का सामना करने के लिए बेहतर ढंग से तैयार होते जाते हैं।

ज़िंदगी एक असाधारण तोहफ़ा है—संभावनाओं का एक खुलता हुआ कैनवास जो तलाशने का इंतज़ार कर रहा है। हर पल हमें उन चीज़ों का पीछा करने का एक नया मौका देता है जो हमारे लिए वाकई मायने रखती हैं। फिर भी, अक्सर हम डर को अपने विकल्पों पर अपनी पकड़ मज़बूत करने देते हैं, जिससे हमारी नज़रें छोटी हो जाती हैं और हमारी क्षमताएँ कम हो जाती हैं।

लेकिन डर हमारे भाग्य का निर्माता नहीं है। जब हम अज्ञात को अपनाते हैं, साहसिक कदम उठाते हैं, और जीवन की चुनौतियों से ऊपर उठने की अपनी क्षमता पर भरोसा करते हैं, तो कुछ उल्लेखनीय घटित होता है। दुनिया खुलने लगती है—ऐसे अनुभव और विजय सामने आती हैं जो कभी सिर्फ़ हमारी कल्पनाओं में ही रहते थे।

साहस का मतलब डर का अभाव नहीं है—यह तो आगे बढ़ते रहने का निर्णय है। और साहस को अपना दिशासूचक बनाकर, हम सीमाओं से परे एक जीवन की शुरुआत करते हैं—एक ऐसा जीवन जो उद्देश्य, जुनून और पूर्णता से भरपूर हो।

तो चलिए, सही पल का इंतज़ार न करें। यही वह पल है। पहला कदम उठाएँ, डर का सामना करें, और उस जीवन की ओर बढ़ें जिसका आपने हमेशा सपना देखा है।

9 – सुनने की कला

आज की दुनिया में, लोगों की ज़्यादा बोलना और कम सुनना एक आम आदत बन गई है। हम अक्सर आत्म-प्रशंसा में खो जाते हैं, अपनी उपलब्धियों का बखान करते हैं। यह प्रवृत्ति क्षणिक संतुष्टि तो दे सकती है, लेकिन इससे गहरी समस्याएँ पैदा होती हैं—हमारा ध्यान अंतर्मुखी हो जाता है और दूसरों के साथ हमारा जुड़ाव कमज़ोर हो जाता है।

जब हम बातचीत में हावी हो जाते हैं, तो हम अपने आस-पास की आवाज़ों को अनदेखा कर देते हैं। हम उन नज़रियों, भावनाओं और कहानियों को नज़रअंदाज़ कर देते हैं जो रिश्तों को गहरा कर सकती हैं। यहाँ तक कि सफल व्यक्ति भी अपने रिश्तों में दरार पा लेते हैं—सफलता की कमी के कारण नहीं, बल्कि ध्यानपूर्वक सुनने की कमी के कारण।

इसके विपरीत, जब हम ज़्यादा सुनते हैं, तो हम ज़्यादा भरोसेमंद और ज़्यादा प्रिय बन जाते हैं। सुनने से रिश्ते मज़बूत होते हैं—यह समझ को बढ़ावा देता है, सहानुभूति को बढ़ावा देता है, और लोगों को हमारी मौजूदगी में मूल्यवान महसूस कराता है।

सुने जाने के लिए, हमें पहले सुनना सीखना होगा।

सुनने की कला एक बुनियादी कौशल है, फिर भी इसे अक्सर हमारे दैनिक जीवन में अनदेखा या कम करके आंका जाता है।

ऐसी दुनिया में जहाँ हर कोई बोलने, अपने विचार साझा करने और अपनी आवाज़ बुलंद करने के लिए उत्सुक है, सुनना एक दुर्लभ और अनमोल गुण बन जाता है। लोग अक्सर दूसरों की बात सुनने के बजाय बोलने पर ज़्यादा ध्यान देते हैं। अगर हम हिसाब लगाएँ कि कितने लोग वाकई अच्छे श्रोता हैं, तो यह प्रतिशत आश्चर्यजनक रूप से कम होगा।

हम सभी के पास कहने के लिए इतना कुछ होता है कि हम अक्सर दूसरों की बात सुनने की गुंजाइश ही नहीं छोड़ते। हालाँकि, बार-बार यह साबित हो चुका है कि सुनना न केवल विनम्र व्यवहार है, बल्कि व्यक्तिगत और व्यावसायिक सफलता के लिए बेहद फायदेमंद भी हो सकता है। अपने जीवन में, मैंने बिना कुछ कहे, सिर्फ़ सक्रिय रूप से सुनने का अभ्यास करके ही मूल्यवान दोस्त और संपर्क बनाए हैं।

तो, सुनने की कला आखिर क्या है, और हम इसे अपने जीवन में कैसे शामिल कर सकते हैं?

मूल रूप से, सुनने की कला में दूसरों पर अपना पूरा ध्यान देना, किसी भी तरह का निर्णय न लेना और उनके दृष्टिकोण को समझने के लिए खुला रहना शामिल है। ऐसा करने के लिए, हमें सबसे पहले यह समझना होगा कि हम सुनने की बजाय बोलने को प्राथमिकता क्यों देते हैं। मनुष्य जटिल होते हैं, भावनाओं, विश्वासों और धारणाओं की परतों से बने होते हैं।

अक्सर, हम मानते हैं कि हमारे अपने विचार सही हैं और दूसरों को हमारी तरह देखना चाहिए। यह मानसिकता वास्तव में सुनना मुश्किल बना देती है, क्योंकि हम दूसरों द्वारा दिए जा रहे संदेश को पूरी तरह से समझने के बजाय, अपने विचारों या मतों को व्यक्त करने की ज़रूरत महसूस करते हैं।

परिणामस्वरूप, हम मानसिक या शारीरिक रूप से सुनना पूरी तरह से बंद कर सकते हैं। कभी-कभी, हम अपने विचार साझा करने के लिए उत्सुक होकर बीच में ही टोक भी देते हैं। समूह चर्चाओं या बातचीत में, हम अक्सर बोलने और सुनने के बीच संतुलन बनाने के बजाय, बात करने की होड़ देखते हैं।

एक प्रचलित धारणा यह भी है कि जो लोग ज़्यादा बोलते हैं वे ज़्यादा जानकार या आत्मविश्वासी होते हैं, जिसके कारण कई लोग सुनने की बजाय बोलने को प्राथमिकता देते हैं। हालाँकि यह दृष्टिकोण कुछ संदर्भों में प्रभावी लग सकता है, जैसे समूह चर्चाएँ जहाँ दृश्यता महत्वपूर्ण होती है, लेकिन व्यक्तिगत विकास, भावनात्मक बुद्धिमत्ता और सफल रिश्तों की बात करें तो यह एक अलग कहानी है।

समय के साथ, कई लोग ज़्यादा बोलने और कम सुनने में माहिर हो जाते हैं। लेकिन जब सार्थक संबंध बनाने, विश्वास बढ़ाने और रिश्तों को गहरा करने की बात आती है, तो अच्छे श्रोताओं को एक अलग फायदा होता है। व्यक्तिगत और व्यावसायिक दोनों ही रिश्तों में, अच्छे श्रोता बातचीत में हावी रहने वालों की तुलना में ज़्यादा मज़बूत और भरोसेमंद संबंध बनाते हैं।

कारण सरल है: सुनने से दूसरों को यह एहसास होता है कि उन्हें महत्व दिया जा रहा है और समझा जा रहा है, जिससे रिश्ते मज़बूत होते हैं। अच्छे श्रोताओं को अक्सर ज़्यादा सहानुभूतिपूर्ण और विश्वसनीय माना जाता है क्योंकि वे दूसरों पर अपना पूरा ध्यान देकर उन्हें भावनात्मक सहारा देते हैं।

सुनने की खूबसूरती यह है कि थोड़ी सी सजगता और पुरानी आदतों को बदलने की इच्छाशक्ति से कोई भी इसमें महारत हासिल कर सकता है। पहला कदम बस सुनने के महत्व को

पहचानना और इसे अपनी बातचीत में शामिल करने के लिए सचेत प्रयास करना है।

इसका मतलब है कि अपनी समस्याओं के समाधान या राय देने की इच्छा का विरोध करना। कभी-कभी, किसी का समर्थन करने का सबसे अच्छा तरीका उनकी समस्या का समाधान करना नहीं होता, बल्कि उनकी बात सुनना, उनकी भावनाओं को समझना और उन्हें अपने समाधान खुद खोजने के लिए प्रोत्साहित करना होता है। जब हम लोगों को बिना किसी रुकावट या बिना मांगे सलाह के अपनी बात कहने की अनुमति देते हैं, तो हम उन्हें दिखाते हैं कि हम उनकी स्वायत्तता का सम्मान करते हैं और उनकी अपनी चुनौतियों से निपटने की क्षमता में विश्वास करते हैं।

सुनना सिर्फ़ एक कौशल नहीं है—यह संचार में अराजकता से बचाव का एक तरीका है। ध्यान से सुनने का चुनाव करके, हम गलत संचार, गलतफहमियों और अनावश्यक विवादों की संभावना को कम करते हैं। ऐसा करने से, हम दूसरों को ठेस पहुँचाने या उनके अहंकार को ठेस पहुँचाने की संभावना को कम करते हैं। इसके बजाय, हम विनम्रता, खुलापन और मिलनसारिता प्रदर्शित करते हैं—ऐसे गुण जो जीवन के हर क्षेत्र में विश्वास और सम्मान अर्जित करते हैं।

यह सरल अभ्यास गहरी दोस्ती, मज़बूत पेशेवर रिश्ते और ज़्यादा प्रभाव पैदा कर सकता है। क्यों? क्योंकि लोग स्वाभाविक रूप से उन लोगों की ओर आकर्षित होते हैं जो उन्हें यह एहसास दिलाते हैं कि उनकी बात सुनी जा रही है। जब हम सुनते हैं, तो हम सिर्फ़ शब्द नहीं सुनते—हम इरादे, भावना और बारीकियों को समझते हैं।

अक्सर, धारणाएँ और रुकावटें असल में कही जा रही बात को धुंधला कर देती हैं। लेकिन जब हम दूसरों को अपनी बात कहने का मौका देते हैं, तो हम स्पष्टता और जुड़ाव पैदा करते हैं। हम

एक ऐसा माहौल बनाते हैं जो सहानुभूति पर आधारित होता है, अहंकार पर नहीं; जिज्ञासा पर आधारित होता है, न कि निर्णय पर।

सुनने का एक प्रमुख लाभ यह है कि यह सफलता के द्वार ऐसे खोलता है जो सिर्फ़ बोलने से नहीं खुलते। उदाहरण के लिए, सुनने से हम दूसरों की ज़रूरतों, प्रेरणाओं और दृष्टिकोणों को समझ पाते हैं, जो पेशेवर परिस्थितियों में बेहद मूल्यवान हो सकता है। नेता, प्रबंधक और यहाँ तक कि अच्छे श्रोता सहकर्मी भी अक्सर ज़्यादा प्रभावी होते हैं क्योंकि वे अपने आस-पास के लोगों के साथ तालमेल बिठा पाते हैं।

वे चुनौतियों का ज़्यादा सोच-समझकर जवाब दे सकते हैं, चिंताओं का ज़्यादा प्रभावी ढंग से समाधान कर सकते हैं, और एक सकारात्मक कार्य वातावरण बना सकते हैं जहाँ हर कोई महसूस करता है कि उसकी बात सुनी जा रही है और उसका सम्मान किया जा रहा है। इसलिए, सफल करियर बनाने या सहयोगात्मक टीम की गतिशीलता को बढ़ावा देने की चाह रखने वाले किसी भी व्यक्ति के लिए सुनना एक महत्वपूर्ण कौशल है।

सुनने की कला धैर्य और आत्म-संयम भी विकसित करती है। अपनी अगली प्रतिक्रिया की योजना बनाने के बजाय, दूसरे व्यक्ति की बात पर ध्यान केंद्रित करके, हम वर्तमान क्षण में उपस्थित रहने की क्षमता विकसित करते हैं। यह उपस्थिति न केवल बातचीत में, बल्कि जीवन के प्रति हमारे समग्र दृष्टिकोण में भी लाभकारी है।

सक्रिय रूप से सुनने का अभ्यास करके, हम कम प्रतिक्रियाशील, अधिक विचारशील और अधिक सहानुभूतिपूर्ण बनना सीखते हैं। ये गुण हमें तनाव प्रबंधन, लचीलापन विकसित करने और एक स्पष्ट, अधिक संतुलित मानसिकता के साथ चुनौतियों का सामना करने में मदद कर सकते हैं।

रिश्तों में, सुनना शिष्टाचार से कहीं अधिक है—यह विश्वास और आपसी सम्मान का एक मौन निर्माण है।

जब हम वास्तव में सुनते हैं, तो हम अपने कानों से कहीं अधिक प्रदान करते हैं—हम उपस्थिति प्रदान करते हैं। हम दूसरे व्यक्ति को यह संदेश देते हैं कि उन्हें देखा, सुना और समझा जा रहा है। उनके विचारों और भावनाओं को न केवल स्वीकार किया जाता है—उनका सम्मान भी किया जाता है।

इस सरल कार्य में किसी भी बंधन को गहरा करने की शक्ति है, चाहे वह परिवार, दोस्तों या सहकर्मियों के साथ हो। सुनना सत्य को आमंत्रित करता है। यह हमें सतह के नीचे छिपी चिंताओं को उजागर करने का मौका देता है—उन सूक्ष्म भावनाओं और अनकही कहानियों को, जिन्हें सिर्फ़ शब्दों से उजागर नहीं किया जा सकता।

अक्सर, जो कहा जाता है वह बात का सार नहीं होता। सहानुभूति और धैर्य के साथ, हम पंक्तियों के बीच पढ़ना सीखते हैं और उन गहरे सत्यों को समझना सीखते हैं जो किसी के दृष्टिकोण को आकार देते हैं।

तो आइए सुनें—सिर्फ़ प्रतिक्रिया देने के लिए नहीं, बल्कि जुड़ने के लिए। समझने के लिए। ऐसे रिश्ते बनाने के लिए जो प्रामाणिकता और भावनात्मक ज्ञान पर आधारित हों।

सुनने की कला विकसित करने का मतलब हर समय सही होने की ज़रूरत को छोड़ देना भी है। जब हम खुले दिमाग से सुनते हैं, तो हम स्वीकार करते हैं कि हमारे अपने दृष्टिकोण से परे भी कई मान्य दृष्टिकोण हैं। यह खुलापन बेहतर समझ, नई अंतर्दृष्टि और यहाँ तक कि व्यक्तिगत विकास की ओर ले जा सकता है।

कई मायनों में, सुनना विनम्रता का एक रूप है—यह हमें याद दिलाता है कि हमारे पास सभी उत्तर नहीं होते और दूसरों से सीखने के लिए हमेशा कुछ न कुछ होता है। जब हम इस मानसिकता को अपनाते हैं, तो हम अधिक अनुकूलनशील, अधिक ज्ञानवान और अंततः अधिक सफल बनते हैं।

निष्कर्ष के तौर पर, सुनने की कला सफलता प्राप्त करने का एक शक्तिशाली, लेकिन अक्सर कम आंका जाने वाला साधन है। ऐसी दुनिया में जहाँ खुलकर बोलने को महत्व दिया जाता है, सुनना एक निष्क्रिय या गौण कौशल लग सकता है, लेकिन यह मज़बूत रिश्ते बनाने, सहानुभूति को बढ़ावा देने और अपने आसपास की दुनिया की गहरी समझ हासिल करने की कुंजी है।

ज़्यादा सुनने और कम बोलने का चुनाव करके, हम खुद को नई संभावनाओं और दृष्टिकोणों के लिए खोलते हैं जो अन्यथा हमसे छूट सकते हैं। सुनना सिर्फ़ एक कौशल नहीं है—यह सम्मान और दया दिखाने, विश्वास और तालमेल बनाने, और एक व्यक्ति के रूप में सीखने और विकसित होने का एक तरीका है।

रोज़मर्रा की बातचीत में आगे बढ़ते हुए, आइए याद रखें: सुनना एक सचेत विकल्प है। यह एक कौशल है—कोई गुण नहीं—जिसे समय के साथ निखारा जा सकता है। अभ्यास से, सुनना हमारे रिश्तों की गुणवत्ता को बदल सकता है, हमारे नेतृत्व को मज़बूत कर सकता है, और सहानुभूति और समझ पर आधारित जीवन को आकार दे सकता है।

अगर सफलता आपकी मंज़िल है, तो सुनना अपने प्राथमिक औज़ारों में से एक बनाएँ। किसी को अपना पूरा ध्यान देना सिर्फ़ एक इशारा नहीं है—यह एक उपहार है। यह उन्हें बताता है कि वे मायने रखते हैं, और ऐसा करने से, आप अपनी अंतर्दृष्टि, दृष्टिकोण और भावनात्मक समृद्धि को गहरा करते हैं।

आइए ज़्यादा सुनने का चुनाव करें। सोच-समझकर बोलें। और उन शक्तिशाली दरवाज़ों को अपनाएँ जिन्हें यह सरल कौशल खोल सकता है—न सिर्फ़ दूसरों के जीवन में, बल्कि हमारे अपने जीवन में भी।

10 – धैर्य

आइए, सफलता की एक शक्तिशाली, लेकिन अक्सर गलत समझी जाने वाली कुंजी के बारे में बात करते हैं: **धैर्य**। ज़्यादातर लोगों को पीछे खींचने वाली प्रतिभा, बुद्धिमत्ता या योग्यता की कमी नहीं होती—बल्कि धैर्य का अभाव होता है। सच्चा धैर्य सिर्फ़ इंतज़ार करने के बारे में नहीं है; यह सफ़र को सहन करने, सबक सीखने और धीमी प्रगति होने पर भी आगे बढ़ते रहने के बारे में है।

सफलता जो सचमुच मायने रखती है, वह कभी भी एक पल में नहीं मिलती। यह समर्पण, समय और दीर्घकालिक प्रतिबद्धता के ज़रिए धीरे-धीरे बनती है। हर बड़ी उपलब्धि के पीछे अनगिनत छोटे, स्थिर कदम होते हैं—हर एक कदम गति देता है, विकास को आकार देता है, और हमें हमारे लक्ष्यों के करीब ले जाता है।

तो अगली बार जब निराशा आपको हार मानने के लिए उकसाए, तो याद रखें: धैर्य निष्क्रिय नहीं है—यह एक शांत शक्ति है जो हर चीज़ को आगे बढ़ाती है।

आपके द्वारा रखी गई हर ईंट—आपके द्वारा किया गया हर कदम—आपके सपनों की नींव में योगदान देता है। धीरे-धीरे, स्थिरता और उद्देश्य के सहारे, यह ढाँचा मज़बूत होता जाता है। लेकिन यहाँ चुनौती है: अधीरता। यह ऐसा है जैसे किसी ब्लूप्रिंट के

चरणों को छोड़ देने की कोशिश करना, यह उम्मीद करते हुए कि इमारत अपने मूल के बिना खड़ी रहेगी।

अक्सर, लोग तुरंत परिणाम की उम्मीद करते हैं। जब प्रगति धीमी या अदृश्य लगती है, तो निराशा घर कर जाती है। वे बार-बार बदलाव करते हैं, अपनी योजनाओं को छोड़ देते हैं, या पूरी तरह से हार मान लेते हैं। इसके बाद शुरू और रुकने का एक चक्र शुरू होता है, जिसमें न केवल प्रयास, बल्कि गति और विश्वास भी बर्बाद होता है।

अधीरता न केवल असुविधाजनक है; यह बहुत विनाशकारी भी हो सकती है। सच्ची सफलता धैर्य, अनुशासन और प्रक्रिया में विश्वास की मांग करती है। ईंट-दर-ईंट, आपके सपने आकार लेते हैं—रातोंरात नहीं, बल्कि समय के साथ।

मैंने अनगिनत लोगों को सफलता की ओर बढ़ते देखा है—इसलिए नहीं कि उनमें असाधारण प्रतिभा थी, बल्कि इसलिए कि उन्होंने धैर्य की शांत शक्ति को अपनाया। ऐसी दुनिया में जहाँ गति और तत्काल संतुष्टि का महिमामंडन किया जाता है, धैर्य अक्सर पुराना, यहाँ तक कि असुविधाजनक लगता है। फिर भी यह सबसे गहन गुणों में से एक है जिसे कोई व्यक्ति विकसित कर सकता है।

हम एक बेचैन युग में रहते हैं, जहाँ हर कोई लक्ष्यों की ओर दौड़ता हुआ, मील के पत्थर का पीछा करता हुआ, और सफलता कितनी जल्दी प्राप्त होती है, इससे मूल्य मापता हुआ प्रतीत होता है। लेकिन इस जल्दबाज़ी में, हम अक्सर एक शाश्वत सत्य को नज़रअंदाज़ कर देते हैं: अच्छी चीज़ों में समय लगता है। जब हम जल्दबाज़ी करते हैं, तो हम अपने मनचाहे परिणामों को बिगाड़ने का जोखिम उठाते हैं। अधीरता गलतियों, चिंता और सतही जीत

को जन्म देती है।

दूसरी ओर, धैर्य गहराई का प्रतीक है। यह प्रक्रिया में विश्वास, देरी के बावजूद लचीलापन और इस ज्ञान को दर्शाता है कि विकास को ज़बरदस्ती नहीं किया जा सकता। यह एक ऐसा गुण है जो कम ही देखने को मिलता है—इसलिए नहीं कि यह अप्राप्य है, बल्कि इसलिए कि इसके लिए आंतरिक शक्ति और आत्म-जागरूकता की आवश्यकता होती है।

सच्ची सफलता केवल शिखर तक पहुँचने के बारे में नहीं है—यह इस बारे में है कि हम वहाँ कैसे पहुँचते हैं। और जो लोग धैर्य के साथ उस रास्ते पर चलते हैं, वे ही असली सफलता के प्रतीक होते हैं। अगर कोई बिना धैर्य के जीत का दावा करता है, तो हो सकता है कि उसने प्रतिष्ठा तो हासिल कर ली हो, लेकिन संतुष्टि नहीं। क्योंकि असली सफलता केवल उपलब्धि के बारे में नहीं है—यह संरेखण, अनुग्रह और विश्वास खोए बिना प्रतीक्षा करने की क्षमता के बारे में है।

अधीरता का एक सबसे बुरा पहलू यह है कि यह लोगों को सफलता के करीब होते ही अपने लक्ष्यों को छोड़ने के लिए प्रेरित कर सकता है। कल्पना कीजिए कि कोई व्यक्ति वर्षों से अथक परिश्रम कर रहा है, अपने सपने को साकार करने के लिए समय और ऊर्जा लगा रहा है। हो सकता है कि वे सफलता के कगार पर हों, लेकिन निराशा या आत्म-संदेह के कारण, वे अपने प्रयास छोड़ देते हैं।

अफ़सोस की बात है कि यह कई लोगों की कहानी है जो बार-बार असफलता का सामना करते हैं—इसलिए नहीं कि वे असमर्थ थे, बल्कि इसलिए कि उनमें अंत तक धैर्य रखने का अभाव था।

यह एक आम जाल है, और यह सोचकर दुख होता है कि कितने लोग अपने सपनों को साकार करने से चूक गए, सिर्फ़ इसलिए कि उन्होंने बहुत जल्दी हार मान ली।

लोगों के अक्सर हार मानने का एक कारण दूसरों से अपनी तुलना करने की आदत है। अपनी प्रगति को मापना स्वाभाविक है, लेकिन तुलनाएँ हानिकारक हो सकती हैं। जब हम दूसरों को देखते हैं जो अपने सपनों को तेज़ी से हासिल कर रहे हैं या ज़्यादा सफल लग रहे हैं, तो खुद को अपर्याप्त या अधीर महसूस करना स्वाभाविक है। हालाँकि, यह तुलना इस बात पर विचार नहीं करती कि हर व्यक्ति की यात्रा अनोखी होती है। हमारी पृष्ठभूमि, संसाधन, अवसर और चुनौतियाँ बहुत अलग-अलग होती हैं, जिसका अर्थ है कि सफलता के लिए हमारी समय-सीमा भी अलग-अलग होती है।

हम में से कई लोग अलग-अलग पृष्ठभूमि, परिस्थितियों और संसाधनों के साथ अनोखी परिस्थितियों से आते हैं। जिस चीज़ को हासिल करने में एक व्यक्ति को एक साल लग सकता है, उसे हासिल करने में किसी और को तीन या पाँच साल लग सकते हैं। सफलता एक ऐसी यात्रा नहीं है जो सभी के लिए एक जैसी हो; यह एक गहरा व्यक्तिगत मार्ग है।

एकमात्र चीज़ जिस पर हमारा वास्तविक नियंत्रण है, वह है हमारा अपना प्रयास और दृष्टिकोण, जिसमें परिणाम तुरंत दिखाई न देने पर भी आगे बढ़ते रहने की हमारी प्रतिबद्धता भी शामिल है।

धैर्य उन सबसे शक्तिशाली गुणों में से एक है जिन्हें हम सफलता प्राप्त करने के लिए विकसित कर सकते हैं। जब आप अत्यधिक सफल लोगों के जीवन का विश्लेषण करेंगे, तो आप पाएंगे कि

उनमें अक्सर अविश्वसनीय धैर्य होता है। वे समझते हैं कि प्रगति धीमी हो सकती है, असफलताएँ स्वाभाविक हैं, और दृढ़ता ही कुंजी है। .

धैर्य के लिए हमें यह विश्वास होना आवश्यक है कि हमारे प्रयास अंततः फल देंगे। यह विश्वास विशेष रूप से विपत्ति के क्षणों में महत्वपूर्ण हो जाता है जब कुछ भी हमारे अनुकूल नहीं होता है। ऐसे क्षणों में, धैर्य वह गोंद है जो हमें एक साथ रखता है, हमें अपने लक्ष्य पर केंद्रित रखता है और परिस्थितियों में सुधार होने तक हमें आगे बढ़ने में मदद करता है।

जीवन की चुनौतियाँ हमारे संकल्प की परीक्षा ले सकती हैं, लेकिन जिनके पास दृढ़ धैर्य है, वे इन तूफानों का सामना कर सकते हैं और अधिक मजबूत और लचीले बनकर उभर सकते हैं। वे समझते हैं कि असफलताएँ प्रक्रिया का हिस्सा हैं और प्रत्येक चुनौती आगे बढ़ने, सीख़ने और सफलता के अपने मार्ग को परिष्कृत करने का एक अवसर है।

यह भी याद रखना ज़रूरी है कि हर कोई एक शुरुआत के रूप में शुरुआत करता है। कौशल, विशेषज्ञता और उपलब्धियाँ रातोंरात नहीं मिलतीं। ये निरंतर प्रयास और सीखने की इच्छा से धीरे-धीरे विकसित होती हैं। एक ऐसे संगीतकार की कल्पना कीजिए जो वर्षों तक अभ्यास करता है, किसी भव्य मंच पर प्रस्तुति देने से पहले धैर्यपूर्वक अपनी कला को निखारता है। या एक ऐसे एथलीट के बारे में सोचिए जो प्रतिस्पर्धा के अवसर के लिए शारीरिक और मानसिक तनाव सहते हुए, प्रतिदिन प्रशिक्षण लेता है।

किसी भी क्षेत्र में सफलता की महिमा, धैर्यपूर्वक निपुणता की

ओर काम करने से आती है। धैर्य के बिना, यात्रा खंडित हो जाती है, क्योंकि लोग एक लक्ष्य को छोड़कर दूसरे लक्ष्य की ओर बढ़ते हैं, और अंततः बहुत कम हासिल करते हैं। सफलता अक्सर समय के साथ धैर्यपूर्वक निर्माण और विकास का परिणाम होती है, तब भी जब प्रगति धीमी या अदृश्य प्रतीत होती है।

धैर्य और कड़ी मेहनत स्थायी सफलता की नींव हैं। जब हममें धैर्य की कमी होती है, तो हम एक लक्ष्य से दूसरे लक्ष्य पर कूद पड़ते हैं, जिससे असंगति और असफलता की संभावना बढ़ जाती है। दूसरी ओर, धैर्य हमें अपने लक्ष्यों के प्रति प्रतिबद्ध रहना सिखाता है, चाहे इसमें कितना भी समय क्यों न लगे।

जिन लोगों में धैर्य की कमी होती है, उन्हें अक्सर बार-बार असफलताओं का सामना करना पड़ता है, इसलिए नहीं कि वे अयोग्य हैं, बल्कि इसलिए कि जब भी उन्हें कोई बाधा आती है, वे दिशा बदलते रहते हैं। स्थायी सफलता प्राप्त करने के लिए, हमें धैर्य विकसित करने की आवश्यकता है, क्योंकि यह चुनौतीपूर्ण यात्रा में भी आगे बढ़ते रहने की शक्ति प्रदान करता है।

धैर्य का एक और पहलू महत्वपूर्ण है: यह लचीलापन विकसित करता है। किसी लक्ष्य की ओर धैर्यपूर्वक काम करने की प्रक्रिया विनम्र बना सकती है, जो हमें बिना उम्मीद खोए असफलताओं और निराशाओं को सहना सिखाती है। इन कठिन क्षणों में, धैर्य ही हमें स्थिर रखता है, अस्थायी बाधाओं को पार करने और व्यापक परिप्रेक्ष्य पर ध्यान केंद्रित करने में हमारी मदद करता है।

हर बार जब हम धैर्य का अभ्यास करते हैं, तो हम चुनौतियों का सामना करने की अपनी क्षमता को मजबूत करते हैं, और अपने लक्ष्यों के प्रति अपनी प्रतिबद्धता को और मजबूत करते हैं। अंततः,

सफलता केवल मंजिल तक पहुँचने के बारे में नहीं है, बल्कि यात्रा के दौरान बढ़ने और विकसित होने के बारे में है।

इसके अतिरिक्त, धैर्य हमें भीतर ही भीतर थका देने वाली मानसिक थकावट से बचाता है। तुरंत संतुष्टि के जुनून से भरी इस दुनिया में, कई लोग तुरंत नतीजों के पीछे भागते हैं—और जब प्रगति उम्मीदों के मुताबिक नहीं होती, तो उन्हें तनाव, थकान और निराशा का दंश झेलना पड़ता है। यह भागदौड़ न सिर्फ़ ऊर्जा सोख लेती है, बल्कि हमारी दूरदर्शिता को भी धुंधला कर देती है, जिससे हम अपनी क्षमताओं पर सवाल उठाने लगते हैं।

धैर्य एक मारक है। यह हमें अवास्तविक समय-सीमाओं से मुक्त करता है और हमें इस सफ़र का आनंद लेने के लिए आमंत्रित करता है। यह हमें याद दिलाता है कि सच्ची सफलता कोई तेज़ दौड़ नहीं है—यह एक स्थिर मैराथन है, जो लचीलेपन और शालीनता के साथ कदम दर कदम आगे बढ़ती है।

जब हम धैर्य विकसित करते हैं, तो हमें एक नया नज़रिया मिलता है: अच्छी चीज़ों में समय लगता है, और रास्ता अपने आप में अर्थ रखता है। संतुष्टि सिर्फ़ लक्ष्य तक पहुँचने में नहीं मिलती—बल्कि रास्ते में वह बनने में मिलती है जो हमें बनना है।

तो, हम इस तेज़-रफ़्तार दुनिया में धैर्य कैसे विकसित करें? एक शक्तिशाली तरीका है माइंडफुलनेस—समय-सीमा पर ध्यान देने के बजाय वर्तमान में स्थिर रहना। जब हम "कितनी देर" से "अभी क्या" पर ध्यान केंद्रित करते हैं, तो हम सार्थक प्रगति के द्वार खोलते हैं। आज हम जो लगातार कदम उठाते हैं, वही कल की सफलता का निर्माण करते हैं।

लक्ष्यों को प्रबंधनीय भागों में बाँटने से यात्रा कम कठिन और अधिक उद्देश्यपूर्ण हो जाती है। हर छोटा कदम नींव की एक ईंट है—स्पष्ट, सुविचारित और मज़बूत।

प्रगति के हर छोटे से छोटे हिस्से का जश्न मनाना भी उतना ही महत्वपूर्ण है, चाहे वह कितना भी छोटा क्यों न हो। हर आगे की गति को मान्यता मिलनी चाहिए। ये पल सिर्फ़ मील के पत्थर नहीं हैं; ये हमारे समर्पण का प्रमाण हैं। और जब हम इनका सम्मान करते हैं, तो हम आगे बढ़ते रहने की प्रेरणा को बढ़ावा देते हैं—भले ही रास्ता धीमा लगे।

अंततः, धैर्य एक ऐसा कौशल है जिसे कोई भी इरादे और अभ्यास से विकसित कर सकता है। यह एक ऐसा गुण है जो जीवन के प्रति हमारे दृष्टिकोण को बदल सकता है, हमें स्थिर रहने और सबसे महत्वपूर्ण चीज़ों पर ध्यान केंद्रित करने में मदद करता है। धैर्य के साथ, हम यात्रा की सराहना करना, प्रक्रिया में आनंद पाना और लचीलापन विकसित करना सीखते हैं जो हमें किसी भी चुनौती से पार पाने में मदद करता है।

अगर आप सफलता की तलाश में हैं, तो याद रखें कि यह सिर्फ़ प्रतिभा, बुद्धिमत्ता या संसाधनों की बात नहीं है—यह आगे बढ़ते रहने, मुश्किलों में डटे रहने और यह विश्वास करने की क्षमता की बात है कि आपके प्रयासों का फल समय आने पर मिलेगा।

आइए धैर्य को एक निष्क्रिय गुण के रूप में नहीं, बल्कि सफलता के मार्ग पर एक शक्तिशाली शक्ति के रूप में अपनाएँ। जब हम निराशा के बजाय धैर्य चुनते हैं, तो हम जल्दबाज़ी के बजाय विकास को चुनते हैं। प्रक्रिया पर भरोसा करके और अपने लक्ष्यों के प्रति पूरी तरह से समर्पित होकर, हम सच्ची, स्थायी उपलब्धि की नींव

रखते हैं।

धैर्य हमारी शांत शक्ति बन जाता है—वह नींव जिस पर सपने ऊँचे उठते हैं, और वह कुंजी जो हमारी पूरी क्षमता के द्वार खोलती है। सफलता कोई दौड़ नहीं है; यह निरंतर प्रयास और अटूट विश्वास से प्रेरित एक स्थिर उन्नति है।

जो लोग प्रतीक्षा करने, काम करने और आगे बढ़ने का साहस करते हैं—उद्देश्य और दृढ़ता के साथ—वे पाएंगे कि धैर्य के पुरस्कार रास्ते में आने वाले संघर्षों से कहीं ज़्यादा हैं।

11 - कड़ी मेहनत

कड़ी मेहनत जीवन के सबसे गलत समझे जाने वाले और कम आँके जाने वाले गुणों में से एक है—और अक्सर अनगिनत असफलताओं के पीछे यही खामोश वजह होती है। लोग बड़े सपने देखते हैं, सफलता की कल्पना करते हैं और ऊँचे लक्ष्य निर्धारित करते हैं, लेकिन अक्सर उन सपनों को साकार करने के लिए ज़रूरी काम करने से चूक जाते हैं।

जीवन में सच्ची सफलता पाने के लिए, भाग्य के बजाय कड़ी मेहनत पर अटूट भरोसा रखना चाहिए—क्योंकि जहाँ भाग्य अप्रत्याशित और क्षणभंगुर होता है, वहीं कड़ी मेहनत भरोसेमंद और परिवर्तनकारी होती है। भाग्य कभी-कभार आ सकता है, लेकिन कड़ी मेहनत आपके साथ रहती है, आपको आकार देती है, और अंततः उस व्यक्ति को कभी धोखा नहीं देती जो इसके लिए प्रतिबद्ध है। यह चरित्र का निर्माण करती है, सम्मान अर्जित करती है, और एक ऐसा रास्ता बनाती है जहाँ पहले कोई नहीं था।

प्रयास से मिली सफलता न केवल पुरस्कृत करती है—यह सशक्त बनाती है। यह हमें याद दिलाती है कि हम संयोग के मोहताज नहीं हैं, बल्कि अपने भाग्य के निर्माता स्वयं हैं।

एक सच्चे मेहनती व्यक्ति के लिए, कोई भी परिस्थिति दुर्गम नहीं होती। चुनौतियाँ आ सकती हैं, लेकिन वे कभी भी स्थायी बाधा नहीं

बनतीं। दृढ़ संकल्प को दिशासूचक और प्रयास को ईंधन बनाकर, ऐसे व्यक्ति किसी भी विपरीत परिस्थिति का सामना कर सकते हैं और और भी मज़बूत बन सकते हैं। कड़ी मेहनत लचीलापन पैदा करती है, समस्या के समाधान को तेज़ करती है, और व्यक्ति को सबसे कठिन परीक्षाओं को भी सफलता की सीढ़ी बनाने की शक्ति देती है।

कड़ी मेहनत से बचना एक सामान्य मानवीय प्रवृत्ति है। हम शॉर्टकट के पीछे भागते हैं, आराम की तलाश करते हैं, और तुरंत परिणाम की आशा करते हैं। लेकिन यही टालमटोल ही प्रगति को बाधित करने वाली चीज़ बन जाती है। जब समर्पण नहीं होता, तो सबसे बड़े सपने भी पछतावे में बदल जाते हैं।

अगर आप सचमुच सफल होना चाहते हैं, तो कड़ी मेहनत को अनिवार्य बनाना होगा। यह कोई सज़ा नहीं है—यह एक रास्ता है। प्रयास में उठाया गया हर कदम लचीलापन, अनुशासन और स्थायी उपलब्धि की नींव रखता है। सफलता दी नहीं जाती; यह दिन-प्रतिदिन, निरंतर, उद्देश्यपूर्ण कार्यों के माध्यम से अर्जित की जाती है।

कड़ी मेहनत हर स्थायी सफलता की नींव है। निरंतर प्रयास के माध्यम से ही हम सपनों को उपलब्धियों में बदलने के लिए आवश्यक कौशल, अनुशासन और लचीलापन विकसित करते हैं। कड़ी मेहनत हमें सिर्फ़ आगे नहीं बढ़ाती—यह हमारी क्षमताओं को निखारती है, हमें जीवन की सबसे कठिन चुनौतियों के लिए तैयार करती है और सार्थक परिणामों की ओर ले जाती है।

फिर भी, आज की दुनिया में, शॉर्टकट हमें लुभाते हैं। कई लोग बिना मेहनत के परिणाम चाहते हैं, बिना संघर्ष के सफलता की कामना करते हैं। "स्मार्ट वर्क" को अक्सर एक विकल्प के रूप में उद्धृत किया जाता है—लेकिन यह कोई प्रतिस्थापन नहीं है। यह एक पूरक है। स्मार्ट वर्क हमें कुशलता से आगे बढ़ने में मदद

करता है, लेकिन केवल कड़ी मेहनत ही सहन करने और आगे बढ़ने के लिए आवश्यक ताकत का निर्माण कर सकती है।

सच्ची सफलता वहीं मिलती है जहाँ स्मार्ट रणनीति और अटूट प्रयास का मिलन होता है। समर्पण के बिना, सबसे चतुर योजनाएँ भी धराशायी हो जाती हैं। यदि आप महानता की आकांक्षा रखते हैं, तो कड़ी मेहनत को अपनाएँ। कड़ी मेहनत दुश्मन नहीं है—यह आपकी सबसे बड़ी सहयोगी है।

हालाँकि स्मार्ट वर्क निश्चित रूप से कार्यों को अधिक कुशल और केंद्रित बना सकता है, यह समीकरण का केवल एक हिस्सा है। छोटे लक्ष्यों के लिए, शॉर्टकट अपनाना या केवल चतुर तरीकों पर निर्भर रहना कारगर हो सकता है, लेकिन महत्वपूर्ण, जीवन बदल देने वाली उपलब्धियों के लिए, कड़ी मेहनत अनिवार्य है। जो कोई भी ऊँचाइयों तक पहुँचना चाहता है, उसे यह समझना होगा कि कड़ी मेहनत ही वह रास्ता है जो उन अवसरों और संभावनाओं के द्वार खोलती है जो अन्यथा बंद रहते हैं।

शॉर्टकट या बेईमानी से हासिल की गई सफलता नाजुक होती है। यह अस्थायी पुरस्कार तो दे सकती है, लेकिन संतुष्टि शायद ही कभी दिला पाती है—और अक्सर, यह जटिलताओं, पछतावे या ठहराव की ओर ले जाती है।

सच्ची और स्थायी सफलता के लिए कुछ और भी ज़रूरी है: आत्म-सुधार के प्रति प्रतिबद्धता। यह आपके कौशल को निखारने, अपने ज्ञान का विस्तार करने और अपने चरित्र को तब तक निखारने के बारे में है जब तक आप इतने सक्षम, इतने परिष्कृत न हो जाएँ कि बाधाएँ आपको डराना बंद कर दें—वे आपकी उत्कृष्टता के आगे झुक जाएँ।

समर्पण का कोई विकल्प नहीं है। रास्ता लंबा हो सकता है, लेकिन यही एकमात्र रास्ता है जो सच्ची उपलब्धि, आंतरिक गौरव और यादगार विरासत की ओर ले जाता है।

लोगों में अपने लक्ष्यों तक जल्दी पहुँचने की तीव्र इच्छा बढ़ रही है। यह स्वाभाविक है—हम सभी शीघ्र सफलता, तुरंत परिणाम और तीव्र प्रगति चाहते हैं। लेकिन सच्चाई अपरिवर्तित रहती है: सार्थक लक्ष्यों को प्राप्त करने में समय लगता है। और कभी-कभी, यह समय लंबा हो सकता है, जिसके लिए धैर्य, दृढ़ता और अटूट समर्पण की आवश्यकता होती है।

कोई भी महान उपलब्धि बिना प्रयास के नहीं मिलती। इस यात्रा के लिए खुद को तैयार करना हमारी ज़िम्मेदारी है—चाहे वह कितनी भी चुनौतीपूर्ण या समय लेने वाली क्यों न हो। हालाँकि हमारे आस-पास की दुनिया बिजली की गति से आगे बढ़ रही है, फिर भी सच्ची सफलता के मार्ग के लिए स्थिर कदमों, निरंतर कड़ी मेहनत और सहन करने की इच्छा की आवश्यकता होती है।

अपने सपनों में समय और ऊर्जा लगाने से कभी न हिचकिचाएँ। हर सफल व्यक्ति संघर्ष, त्याग और विकास के दौर से गुज़रा है। उनकी सफलता जल्दबाज़ी से नहीं मिली—यह समय और मेहनत से गढ़ी गई है।

इसलिए याद रखें: जल्दबाज़ी से कभी कुछ सार्थक नहीं मिलता। अगर आपका लक्ष्य वाकई सार्थक है, तो वह आपके धैर्य, आपकी लगन और आपके सर्वोत्तम परिश्रम का हक़दार है।

दशरथ मांझी की विस्मयकारी कहानी पर गौर करें, जिनका दिल टूटना एक विरासत बन गया। जब उनकी पत्नी गंभीर रूप से बीमार पड़ गईं, तो उनके सुदूर गाँव को नज़दीकी अस्पताल से अलग करने वाला दुर्गम इलाका जानलेवा साबित हुआ। लेकिन

दुःख के आगे झुकने के बजाय, मांझी ने अपने दुःख को कर्म में बदल दिया।

प्रेम और दृढ़ता से प्रेरित होकर, उन्होंने हथौड़ा और छेनी उठाई और अकेले ही पहाड़ को चीरते हुए एक रास्ता बनाना शुरू कर दिया। 22 वर्षों तक, उन्हें उपहास, अलगाव और अविश्वास का सामना करना पड़ा। फिर भी वे रुके नहीं। उनकी मेहनत ने 55 किलोमीटर की यात्रा को घटाकर सिर्फ़ 15 किलोमीटर कर दिया, जिससे उनका गाँव ज़रूरी संसाधनों से जुड़ गया और अनगिनत लोगों की ज़िंदगी फिर से लिख दी।

मांझी की यात्रा न तो शॉर्टकट से चली और न ही जटिल रणनीतियों से—यह विशुद्ध, अटूट समर्पण पर आधारित थी। उनके पास न कोई प्रशंसा थी, न कोई आर्थिक मदद, न कोई गारंटी। उनके पास बस था तो बस धैर्य। और इसी के साथ, उन्होंने वो हासिल किया जिसकी दूसरे लोग कल्पना भी नहीं कर सकते।

उनकी कहानी एक गहरी याद दिलाती है: जब कड़ी मेहनत किसी उद्देश्य से प्रेरित होती है, तो वह अजेय हो जाती है। सफलता हमेशा प्रतिभा से नहीं मिलती—यह अक्सर असंभवता के बावजूद अथक, धैर्यपूर्ण प्रयास से मिलती है।

यहाँ सबक स्पष्ट है: अपने सपनों में दृढ़ विश्वास से प्रेरित कड़ी मेहनत, पहाड़ों को हिलाने की शक्ति होती है—शाब्दिक और लाक्षणिक रूप से। हम ऐसे उदाहरणों के लिए कई ऐतिहासिक हस्तियों और आधुनिक नेताओं को देख सकते हैं। हर महान नेता, वैज्ञानिक, आविष्कारक और कलाकार जिसने कुछ उल्लेखनीय हासिल किया, उसने ऐसा वर्षों की कड़ी मेहनत से किया। उदाहरण के लिए, थॉमस एडिसन ने कहा था कि "प्रतिभा 1% प्रेरणा और 99% पसीना है।" एडिसन के आविष्कार अचानक आई प्रतिभा से नहीं, बल्कि अनगिनत घंटों के प्रयोग, असफलता और अंततः सफलता से पैदा हुए थे। यही समर्पण उन लोगों को अलग

करता है जो स्थायी सफलता प्राप्त करते हैं और जो केवल इसके बारे में बात करते हैं।

कड़ी मेहनत हमेशा ज़रूरी होती है, और हालाँकि स्मार्ट वर्क इस यात्रा को और प्रभावी बना सकता है, लेकिन यह कड़ी मेहनत की जगह नहीं ले सकता। वास्तव में, आदर्श मार्ग अक्सर इन दोनों का संयोजन होता है: स्मार्ट, कड़ी मेहनत। इस दृष्टिकोण का अर्थ है उद्देश्यपूर्ण कार्य करना, सुधार के तरीके खोजना, और साथ ही अपने कौशल को निखारने और अपनी समझ को गहरा करने के लिए आवश्यक समय लगाना। कड़ी मेहनत के बिना, सबसे स्मार्ट योजना भी नाकाम हो जाएगी।

कड़ी मेहनत से सफलता हमेशा जल्दी नहीं मिलती, और परिणाम देखने में समय लग सकता है। यह देरी कभी-कभी लोगों को हतोत्साहित करती है, जिससे उन्हें लगता है कि कड़ी मेहनत का फल नहीं मिलता। लेकिन यह एक गलत धारणा है। कड़ी मेहनत हमेशा फल देती है; कभी-कभी, परिणाम देखने के लिए बस धैर्य की आवश्यकता होती है। जैसे बीज को फलदार वृक्ष बनने में समय लगता है, वैसे ही कड़ी मेहनत के फल भी प्रकट होने में समय लगता है, लेकिन वे हमेशा प्रतीक्षा के लायक होते हैं।

महानता की खोज में, कड़ी मेहनत सिर्फ़ एक विकल्प नहीं है—यह एक अटल आवश्यकता है। गति, दक्षता और नवाचार से प्रेरित इस दुनिया में, यह भूलना आसान है कि वास्तविक, स्थायी सफलता अथक प्रयास की नींव पर ही टिकती है।

सपने सिर्फ़ इच्छा से ज़्यादा की माँग करते हैं—उन्हें कर्म की आवश्यकता होती है। कोई शॉर्टकट नहीं, कोई चक्कर नहीं, कोई आसान जीत नहीं। दशरथ मांझी से पूछिए। उनकी छेनी 22 सालों तक पत्थर पर चलती रही—इसलिए नहीं कि यह आसान था, बल्कि इसलिए कि यह मायने रखता था। अनगिनत अन्य गुमनाम

नायकों की तरह, उन्होंने साबित किया कि उद्देश्यपूर्ण कड़ी मेहनत, सचमुच पहाड़ों को हिला सकती है।

सफलता धीमी हो सकती है। रास्ता कठिन हो सकता है। लेकिन लगन और दिल से की गई मेहनत हमेशा रंग लाती है। यह सिर्फ़ नतीजे ही नहीं देती—यह चरित्र, साहस और विरासत का निर्माण करती है। जो लोग कड़ी मेहनत को स्वीकार करते हैं, वे सिर्फ़ सपनों का पीछा नहीं करते—वे वास्तविकताओं को आकार देते हैं।

12 – ख़ुद पर नियंत्रण

अगर कोई आपके मन तक पहुँचने में कामयाब हो जाता है, तो उसे आपके विचारों, व्यवहार और यहाँ तक कि आपके फ़ैसलों को भी प्रभावित करने की शक्ति मिल जाती है—क्योंकि मन ही हमारे हर काम को नियंत्रित करता है। इसलिए इसे बाहरी हेरफेर से बचाना बेहद ज़रूरी है।

चुनौती यह है कि हमारे मन पर लगातार हमले होते रहते हैं। लोग अपने शब्दों, हाव-भाव और व्यवहार से हमें प्रभावित करने की कोशिश करते हैं। विज्ञापनदाता, प्रभावशाली लोग और ताकतवर संस्थाएँ हमारे विचारों में घुसपैठ करने के लिए प्रेरक संदेश, फ़र्ज़ी ख़बरें और मनोवैज्ञानिक हथकंडे अपनाते हैं।

सबसे चिंताजनक बात? हमें अक्सर इसका एहसास भी नहीं होता। कई लोग अनजाने में मोहरे बन जाते हैं—दूसरों द्वारा अपने दूसरे मंसूबों को पूरा करने के लिए इस्तेमाल किए जाते हैं। उनके मन के साथ खेला जाता है, और उन्हें उन रास्तों पर ले जाया जाता है जिन्हें उन्होंने कभी जानबूझकर नहीं चुना।

लेकिन सच यह है: आपके पास एक विकल्प है। आप या तो दूसरों के प्रभाव में रह सकते हैं, या अपने मन पर फिर से नियंत्रण पा सकते हैं। स्वतंत्र और प्रामाणिक सोच तभी संभव है जब आपके विचार वास्तव में आपके अपने हों—किसी और के इरादों से प्रभावित न हों।

कुंजी आपके विचारों पर नियंत्रण पाने में निहित है। जब आप जो सोचते हैं उसकी बागडोर अपने हाथ में लेते हैं, तो आप जो बनते हैं उसकी बागडोर अपने हाथ में होती हैं।

यही असाधारण को साधारण से अलग करता है। महान व्यक्ति अपने मन की कड़ी सुरक्षा करते हैं। वे स्वतंत्र रूप से सोचते हैं, हेरफेर का विरोध करते हैं, और अपने मूल्यों पर अडिग रहते हैं। दूसरी ओर, साधारण व्यक्ति अक्सर दूसरों को अपने विश्वासों, भावनाओं और कार्यों को आकार देने देते हैं।

तो खुद से पूछें: आप किस रास्ते पर चलना चाहते हैं? क्या आप किसी और के प्रभाव में जीना चाहते हैं, या अपनी आंतरिक दुनिया पर नियंत्रण करके अपनी पूरी क्षमता तक पहुँचना चाहते हैं?

एक संपूर्ण, सफल और आनंदमय जीवन जीने के लिए, हमें सतर्क रहना होगा। जागरूकता पहला कदम है। दूसरा है कर्म—अपने मन की बागडोर दूसरों के हाथों में न रखकर अपने हाथों में रखना।

जीवन प्रभाव का एक निरंतर खेल है, और अपनी पूरी यात्रा में, हम ऐसे लोगों से मिलते हैं जो हमारे मन से खेलने की कोशिश करते हैं। ये व्यक्ति कोई भी हो सकते हैं—हमारे सबसे करीबी लोगों से लेकर महज परिचितों तक। हमला हमेशा ज़ोरदार या स्पष्ट नहीं होता; यह सूक्ष्म, स्थायी और अक्सर चिंता या सलाह के रूप में प्रच्छन्न होता है। बुरे इरादे वाले लोग नियंत्रण चाहते है—

परिस्थितियों पर नहीं, बल्कि आपके विचारों, आपकी भावनाओं, आपके निर्णयों पर।

एक सच्चा संतुष्ट व्यक्ति इस तरह के हेरफेर में शामिल नहीं होता। वे अपने आप में शांत होते हैं और दूसरों की खुशी का जश्न मनाते हैं। लेकिन जो लोग अपने जीवन से नाखुश हैं, वे अक्सर आपकी खुशी को स्वीकार करने के लिए संघर्ष करते हैं। आपकी शांति उनकी बेचैनी बन जाती है। खुद को ठीक करने के बजाय, वे आपकी शांति को बिगाड़ने पर ध्यान केंद्रित करते हैं। वे आपकी सोच को प्रभावित करने, संदेह, अपराधबोध और भ्रम के बीज बोने के तरीके ईजाद करते हैं।

अपने मन को ऐसे घुसपैठों से बचाना ज़रूरी है। अगर हम अपने विचारों का नियंत्रण दूसरों को सौंप देते हैं, तो हम उनकी अराजकता का प्रतिबिंब बनने का जोखिम उठाते हैं। उनके निर्णय, आलोचनाएँ और दोष आपके बारे में नहीं हैं—वे उनके अपने आंतरिक उथल-पुथल के कारण हैं। उन्हें आश्चर्य होता है कि जब वे असंतोष में डूबे होते हैं, तो आप कैसे मुस्कुरा पाते हैं।

बहुत से लोग उदास, चिंतित या दोषी महसूस करते हैं—अपनी पसंद के कारण नहीं, बल्कि इसलिए कि कोई और उन्हें ऐसा महसूस कराना चाहता है। दिमागी खेल और चालाकी असली हैं, और ये हर जगह मौजूद हैं। अगर हम अपनी मानसिक स्थिति की रक्षा मज़बूती और जागरूकता से नहीं करते, तो दूसरे लोग उसमें घुसपैठ कर सकते हैं—हमारी खुशी को गम में, हमारी स्पष्टता को भ्रम में बदल सकते हैं।

आपका मन आपका अभयारण्य है। इसकी पूरी तरह से रक्षा करें। चुनें कि आप किसकी आवाज़ को अंदर आने देते हैं। चुनें कि आप किसकी ऊर्जा को अवशोषित करते हैं। और सबसे महत्वपूर्ण बात, अपने सत्य में दृढ़ बने रहने का चुनाव करें।

जीवन में सच्ची सफलता प्राप्त करने के लिए सबसे ज़रूरी तत्वों में से एक है नियंत्रण—दूसरों पर थोपा हुआ नहीं, बल्कि अपने अस्तित्व को नियंत्रित करने की गहरी, आंतरिक क्षमता। इस प्रकार का नियंत्रण केवल चुनाव करने तक सीमित नहीं है; यह सचेत रूप से जीवन में आने वाली चुनौतियों के प्रति अपनी प्रतिक्रियाओं को निर्देशित करने के बारे में है।

अक्सर, हम निष्क्रिय पर्यवेक्षक की भूमिका में ढल जाते हैं—परिस्थितियों, सामाजिक दबावों और यहाँ तक कि दूसरों की राय को अपनी कहानी लिखने देते हैं। लेकिन सफलता एक बदलाव की माँग करती है: जीवन पर प्रतिक्रिया करने से हटकर, उसे डिज़ाइन करने की ओर। वास्तविक नियंत्रण हमें अपनी यात्रा का निर्माता बनने की शक्ति देता है, न केवल यह निर्देशित करता है कि हम कहाँ जाते हैं, बल्कि हर मोड़ पर कैसे आगे बढ़ते हैं।

बहुत से लोग जीवन में बहते रहते हैं, उन लहरों के साथ बहते हैं जिन्हें उन्होंने नहीं चुना था। अपने भाग्य को आकार देने के बजाय, वे परिस्थितियों पर प्रतिक्रिया करते हैं—बाहरी ताकतों को अपनी कहानी तय करने देते हैं। इस निष्क्रिय अस्तित्व में, सफलता मायावी हो जाती है, प्रतिभा या सपनों की कमी के कारण नहीं, बल्कि इसलिए कि उनके पाल अछूते रहते हैं, दिशा की प्रतीक्षा में।

वे विशाल महासागर में तैरती नावों के समान हैं—संदेह की हवाओं, दबाव की लहरों और दूसरों की अपेक्षाओं की अंतर्धाराओं से हिलती हुई। नियंत्रण न लेने पर, वे अपने भीतर की क्षमता की अभिव्यक्ति के बजाय, अपने आसपास की दुनिया का प्रतिबिंब बनने का जोखिम उठाते हैं। लेकिन जब हम एक उद्देश्यपूर्ण मार्ग निर्धारित करते हुए, पहिया संभालते हैं, तो जीवन हमारे साथ घटित होना बंद हो जाता है—और हमारे लिए खुलने लगता है।

वास्तव में उत्कृष्टता प्राप्त करने और अपने लिए निर्धारित लक्ष्यों को प्राप्त करने के लिए, हमें अपने जीवन की बागडोर स्वयं थामनी होगी। केवल जब हम नियंत्रण करते हैं, तभी हम वास्तव में अपने जीवन को सफलता की ओर ले जा सकते हैं। इसके लिए न केवल अपने कार्यों, बल्कि अपने विचारों, दृष्टिकोणों और प्रतिक्रियाओं को भी सक्रिय रूप से प्रबंधित करने की आवश्यकता होती है।

जो लोग सफल होना चाहते हैं, उनके लिए नियंत्रण एक शक्तिशाली उपकरण है। एक सफल नेता या नवप्रवर्तक की कल्पना कीजिए—वे जीवन को अपने साथ यूँ ही घटित नहीं होने देते। इसके बजाय, वे सोच-समझकर निर्णय लेते हैं, और जब भी संभव हो, परिस्थितियों को अपने पक्ष में ढालते हैं।

हालांकि, बहुत से लोग या तो नियंत्रण के महत्व को कम आंकते हैं या यह पहचान ही नहीं पाते कि कब उन्होंने इसे खो दिया है। कभी-कभी हम जीवन में यह जाँचे बिना ही आगे बढ़ जाते हैं कि हमारे कार्यों और निर्णयों पर वास्तव में किसका या किस चीज़ का नियंत्रण है। हम सामाजिक अपेक्षाओं, पारिवारिक दबावों, या यहाँ तक कि अपने स्वयं के भय से भी प्रभावित हो सकते हैं।

अनजाने में, हमारे निर्णय हमारी अपनी वास्तविक इच्छाओं और लक्ष्यों से ज़्यादा इन शक्तियों द्वारा निर्देशित हो सकते हैं। लेकिन सच्ची सफलता के लिए यह समझना ज़रूरी है कि हमारे जीवन पर किसका नियंत्रण है—और अगर वह नियंत्रण छूट जाए तो उसे वापस लेने की प्रतिबद्धता भी।

हमारे जीवन पर हमारा नियंत्रण जितना कम होता है, सफलता उतनी ही दूर होती जाती है। जब हम अपने विकल्पों और प्रतिक्रियाओं पर अपनी पकड़ खो देते हैं, तो हम अपने हित में काम करना बंद कर देते हैं—मौके गँवा देते हैं, असफलताओं को

गलत समझते हैं, और हम असफलता का कारण भाग्य को मानते हैं।

जब चीज़ें बिगड़ जाती हैं तो लोग अक्सर दुर्भाग्य को दोष देते हैं, लेकिन इन दुर्भाग्यों के पीछे कुछ और भी बुनियादी बात छिपी होती है: **व्यक्तिगत नियंत्रण का अभाव**। हमारे परिणाम भाग्य से तय नहीं होते—बल्कि वे निर्णय होते हैं जिन्हें हम लेने में असफल होते हैं।

नियंत्रण का मतलब हर विवरण का सूक्ष्म प्रबंधन करना नहीं है; बल्कि अपनी दिशा पर नियंत्रण रखना है। इसके बिना, लक्ष्य सपने ही रह जाते हैं और प्रगति एक ख़्वाब बनकर रह जाती है। लेकिन जब हम ज़िम्मेदारी अपने ऊपर ले लेते हैं, तो हम सफलता के आने का इंतज़ार करना छोड़ देते हैं—और पल-पल उसे गढ़ना शुरू कर देते हैं।

चुनाव आपका है: क्या आप बागडोर संभालेंगे, या वे आपको खींचेंगे? ज़्यादातर लोग इस बात को कम आंकते हैं कि उनके भाग्य को आकार देने में नियंत्रण कितना अहम होता है। हम सफल व्यक्तियों—नेताओं, दूरदर्शी लोगों, रचनाकारों—की प्रशंसा करते हैं, बिना यह देखे कि उनमें कौन-सा सूक्ष्म और शक्तिशाली गुण समाहित है: अपनी परिस्थितियों के आगे झुकने के बजाय उन पर नियंत्रण रखने की क्षमता।

सफलता आकस्मिक नहीं होती। यह बेवजह नहीं मिलती या यूँ ही नहीं मिलती। यह उन लोगों द्वारा गढ़ी जाती है जो परिस्थितियों या सीमाओं से परिभाषित होने से इनकार करते हैं। जहाँ दूसरे लोग ज्वार के पलटने का इंतज़ार करते हैं, वहीं उच्च उपलब्धि हासिल करने वाले लोग पहले से ही अपने जहाज़ खुद चला रहे होते हैं। वे जीवन पर सिर्फ़ प्रतिक्रिया नहीं करते—वे उसे आकार देते हैं, उसे उद्देश्य की ओर मोड़ते हैं।

सच्चा नियंत्रण अनुशासन या निर्णय लेने से कहीं बढ़कर है; यह एक मानसिकता है। यह एक शांत विश्वास है कि बाहरी दुनिया अप्रत्याशित हो सकती है, लेकिन आपका आंतरिक दिशासूचक स्थिर रहता है। और यहीं से परिवर्तन शुरू होता है।

तो फिर, हम अपने जीवन पर नियंत्रण कैसे शुरू कर सकते हैं?

नियंत्रण पाने का पहला कदम जागरूकता है। इस बात की जाँच करके शुरुआत करें कि इस समय आपके जीवन पर किसका या किस चीज़ का नियंत्रण है। क्या यह आप पर है, या आप बाहरी दबावों से नियंत्रित हो रहे हैं? इसे पहचानना ज़रूरी है क्योंकि ज़्यादातर लोग ज़िंदगी में यह सवाल पूछे बिना ही गुज़र जाते हैं। एक बार जब आप यह पहचान लेते हैं कि नियंत्रण किसका या किस चीज़ पर है, तो आप उन क्षेत्रों में इसे वापस पाना शुरू कर सकते हैं जहाँ इसकी कमी हो सकती है।

नियंत्रण वापस पाने की यात्रा केंद्रित इरादे से शुरू होती है—उन क्षेत्रों की पहचान करना जहाँ दिशा भटक गई है और उन्हें धीरे से वापस लाना। इसका मतलब हो सकता है ऐसी सीमाएँ निर्धारित करना जो आपके मूल्यों का सम्मान करें, आत्म-अनुशासन विकसित करें, या बाहरी दबावों के भार का विरोध करने के लिए अपनी मानसिकता को नया रूप दें।

जब नियंत्रण हाथ से निकल जाता है, तो हम कमज़ोर हो जाते हैं—अनदेखे धागों से खींची जाने वाली कठपुतलियों की तरह। दूसरे हमारी लय तय करते हैं, और हमारे सपने चुपचाप खामोश हो जाते हैं। लेकिन जैसे ही हम अपनी स्वतंत्रता वापस पा लेते हैं, जादू टूट जाता है। हम हेरफेर के प्रति अभेद्य हो जाते हैं, अब किसी

और की पटकथा के उपकरण नहीं रह जाते। नियंत्रण वापस लेना एक साहसिक घोषणा है: "मेरा जीवन मेरा है।"

नियंत्रण केवल शक्ति नहीं है—यह हमारा आंतरिक दिशासूचक है, जो चुपचाप हमारी सर्वोच्च क्षमता की ओर इशारा करता है। इसके बिना, हम भटक जाते हैं, निर्णय लेने के बजाय प्रतिक्रिया करते हैं, नेतृत्व करने के बजाय जीते हैं। लेकिन जब हम नियंत्रण में होते हैं, तो हम रास्ता तय करते हैं। हम हर पल को उद्देश्यपूर्ण ढंग से डिज़ाइन करते हैं, अपने विकल्पों को सपनों के साथ जोड़ते हैं।

13 – सीखते रहो

मैंने दूसरों और अपने बारे में एक ज़बरदस्त अवलोकन किया है कि जिस क्षण हम सीखना बंद कर देते हैं, हम जीवन में गतिहीन या पिछड़ने लगते हैं। असाधारण गति से विकसित हो रही दुनिया में, सफलता कोई निश्चित मंज़िल नहीं है—यह अनुकूलन की एक सतत यात्रा है। प्रासंगिक, लचीले और समय से आगे बने रहने के लिए, नए ज्ञान और कौशल प्राप्त करते रहना ज़रूरी है।

ज्ञान या कौशल की कमी कोई पाप नहीं है—यह इंसान होने का एक स्वाभाविक हिस्सा है। इसका सीधा सा मतलब है कि हमने अभी तक कुछ नहीं सीखा है। लेकिन आज ज्ञान का यह अभाव कल के लिए हमारी क्षमता के बारे में कुछ नहीं कहता। वास्तव में, यह अक्सर परिवर्तन का प्रारंभिक बिंदु होता है। असली त्रासदी अज्ञानता नहीं है—बल्कि इससे आगे बढ़ने से इनकार है।

हर दिन जब हम जागते हैं, तो वह संभावनाओं से भरा एक उपहार होता है। हमारी उम्र, पृष्ठभूमि या पिछली असफलताएँ चाहे जो भी हों, हम कुछ नया सीखने की शक्ति रखते हैं।

हाल ही में मुझे एक बुजुर्ग व्यक्ति की कहानी मिली, जिसने आईफ़ोन फ़ोटोग्राफ़ी पर एक वीडियो ब्लॉग शुरू किया। उन्होंने विशेषज्ञता से शुरुआत नहीं की—उन्होंने जिज्ञासा से शुरुआत की। समय के साथ, उनका जुनून एक फलता-फूलता मंच बन गया, जिसकी हज़ारों लोगों ने प्रशंसा की। उनकी यात्रा इस बात का

जीवंत प्रमाण है कि उम्र कोई बाधा नहीं है—यह एक मिथक है जिसे हमें तोड़ना होगा।

अक्सर, हम सीखने से बचने के लिए उम्र, डर या पिछले अनुभवों का बहाना बनाते हैं। लेकिन ज़िंदगी इंतज़ार नहीं करती। यह हर पल बदलती है, हमारे आस-पास की दुनिया को नया आकार देती है। इस निरंतर विकसित होती लय के साथ तालमेल बिठाने के लिए, हमें जीवन के विद्यार्थी बनना होगा—सिर्फ़ एक बार नहीं, बल्कि हमेशा।

जब हम सीखने को अपनाते हैं, तो कुछ जादुई होता है। हम न सिर्फ़ दुनिया को हैरान करते हैं—हम ख़ुद को भी हैरान करते हैं। हम अपनी छिपी प्रतिभाओं, सुप्त जुनून और अप्रयुक्त क्षमताओं को उजागर करते हैं। हम पूछने लगते हैं: मैंने इतने लंबे समय तक खुद पर शक क्यों किया? जब मैं ज़्यादा कर सकता था, तो मैंने कम से क्यों संतुष्ट रहा?

यह अहसास मेरे जीवन का सबसे बड़ा सफलता सूत्र रहा है। मैं नई चीज़ें सीखने से कभी नहीं कतराया। चाहे वह कोई नया कौशल हो, कोई नई तकनीक हो, या कोई नया नज़रिया हो—मैंने उसका स्वागत किया। और ऐसा करते हुए, मैं प्रासंगिक, मूल्यवान और अपने आस-पास के लोगों से गहराई से जुड़ा रहा। सीखने ने मुझे जीवित रखा—न केवल जैविक रूप से, बल्कि रचनात्मक, भावनात्मक और आध्यात्मिक रूप से भी।

सच तो यह है कि हम जीवन में अपना मूल्य तभी बढ़ा सकते हैं जब हम विकास के लिए प्रतिबद्ध हों। ज्ञान और कौशल विलासिता नहीं हैं—वे ज़रूरतें हैं। ये हमें समस्याओं का समाधान करने, अवसर पैदा करने और आत्मविश्वास के साथ जीवन जीने की शक्ति देते हैं। ये साधारण व्यक्तियों को असाधारण योगदानकर्ता बनाते हैं।

इसके अलावा, सीखना जीवन को आसान बनाता है। यह हमारी कार्यक्षमता को बढ़ाता है, हमारी निर्णय लेने की क्षमता को बढ़ाता है, और दूसरों पर हमारी निर्भरता को कम करता है। हम चीजों को न केवल प्रयास से, बल्कि सुंदरता और निपुणता के साथ करना शुरू करते हैं। हम अपने भाग्य के निर्माता स्वयं बनते हैं।

तो आइए हम सीखने की शक्ति को कभी कम न आँकें। आइए हम कभी भी डर, उम्र या संदेह को अपनी जिज्ञासा को दबाने न दें। हर पल विकसित होने का एक अवसर है। हर सबक महानता की ओर एक कदम है। और हर कौशल जो हम हासिल करते हैं, वह एक ऐसा उपकरण है जो हमारे भविष्य को आकार देता है।

क्योंकि अंततः, सफलता उन्हें नहीं मिलती जो सब कुछ जानते हैं—यह उन्हें मिलती है जो कुछ भी सीखने को तैयार रहते हैं।

लोग स्वाभाविक रूप से उन लोगों की ओर आकर्षित होते हैं जो बेहतर प्रशिक्षित, अधिक जानकार और निरंतर विकसित होते रहते हैं। आजीवन सीखने वाले लोग न केवल विश्वास जगाते हैं बल्कि अवसरों को भी आकर्षित करते हैं। कई मायनों में, सीखना केवल एक व्यक्तिगत प्रयास नहीं है—यह नेतृत्व का एक रूप है।

प्रत्येक मनुष्य इस दुनिया में एक अपूर्ण प्राणी के रूप में प्रवेश करता है—अनुभव और प्रयास से आकार लेने वाला एक खाली कैनवास। कौशल, बुद्धि और शक्ति कुछ भाग्यशाली लोगों को मिलने वाले जन्मजात उपहार नहीं हैं; ये सीखने, दृढ़ता और विकास के माध्यम से अर्जित किए जाते हैं। इसलिए, यदि आज आप किसी विशेष क्षेत्र में खुद को कमज़ोर पाते हैं, तो निराश न हों। दुनिया की महानतम हस्तियाँ भी कभी उसी स्थिति में थीं जहाँ आप आज खड़े हैं—अनिश्चित, अकुशल, अपूर्ण।

जो चीज़ उन्हें अलग करती थी वह पूर्णता नहीं थी, बल्कि सीखने से प्राप्त होने वाली प्रगति थी। निरंतर प्रयास और सीखने के माध्यम

से, उन्होंने अपनी प्रतिभा को निखारा, अपने क्षितिज का विस्तार किया, और प्रेरक व्यक्तित्व के रूप में विकसित हुए। यही मार्ग हम सभी के लिए खुला है—अपूर्णता से उत्कृष्टता की ओर एक आजीवन यात्रा।

फिर भी, कई लोग अपना रास्ता भटक जाते हैं। वे बदलाव की शुरुआत किए बिना ही उसका इंतज़ार करते हैं। वे सुधार में निवेश किए बिना अपनी प्रगति की कमी पर सवाल उठाते हैं। वे सबसे सरल सत्य को भूल जाते हैं: महानता कर्म और नई चीज़ें सीखने से विकसित होती है। निष्क्रिय बैठे रहना, परिवर्तन की कामना करना, कहीं नहीं ले जाता।

सीखना एक आजीवन यात्रा है—उम्र या परिस्थितियों से अप्रभावित—और बढ़ने, विकसित होने और खोज करने की क्षमता जीवन भर मौजूद रहती है। बच्चे जिज्ञासा के साथ दुनिया का अन्वेषण करते हैं, वयस्क अपने कौशल को अनुकूलित और परिष्कृत करते हैं, और वरिष्ठ लोग नई रुचियों की खोज करते रहते हैं और अपनी समझ को गहरा करते हैं। सीखने का यह व्यापक दृष्टिकोण व्यक्तिगत विकास को पोषित करता है, संतुष्टि को बढ़ावा देता है, और मानसिक स्वास्थ्य को भी बढ़ावा देता है।

इस दुनिया में कई नई चीज़ें लगातार विकसित हो रही हैं और दुनिया में आगे रहने और सफल होने के लिए उन्हें सीखना ज़रूरी है। जैसे-जैसे तकनीक और समाज आगे बढ़ रहे हैं, जानकारी और अनुकूलनशीलता बनाए रखना ज़रूरी होता जा रहा है। उदाहरण के लिए, वृद्ध व्यक्ति अपने प्रियजनों से बेहतर ढंग से जुड़ने और तेज़ी से डिजिटल होती दुनिया में अपनी भागीदारी निभाने के लिए स्मार्टफ़ोन या सोशल मीडिया का इस्तेमाल करना सीख सकते हैं। इससे न सिर्फ़ तकनीकी दक्षता बढ़ती है, बल्कि आत्मविश्वास भी बढ़ता है और प्रासंगिकता व अपनेपन का एहसास होता है।

उम्र कोई सीमा नहीं है—यह जीए गए सफ़र और अर्जित ज्ञान का प्रमाण है। दुनिया भर में, ऐसे अनगिनत लोगों के उदाहरण हैं जिन्होंने नए रास्ते खोजे, नए कौशल हासिल किए और जीवन में आगे चलकर उल्लेखनीय सफलता हासिल की। 60 साल की उम्र में पहली बार ब्रश उठाने वाले कलाकारों से लेकर सेवानिवृत्ति के बाद फलते-फूलते उद्यम शुरू करने वाले उद्यमियों तक, उनकी कहानियाँ हमें याद दिलाती हैं कि आगे बढ़ने की चाहत समय से परे होती है।

उम्र को अपना बहाना न बनने दें; इसे अपनी ताकत बनाएँ। सीखने से दिमाग़ तेज़, आत्मा ज़िंदा और तृप्त रहती है। और समाज के हर कोने में, जो लोग जीवन के किसी भी पड़ाव पर ज्ञान का चुनाव करते हैं, उन्हें महत्व दिया जाता है, उनकी प्रशंसा की जाती है और उनका सम्मान किया जाता है।

उपयोगिता से परे, सीखना आनंद और रचनात्मकता को जगाता है। कई लोग सेवानिवृत्ति के बाद नए जुनून खोजते हैं, चाहे वह पेंटिंग, बागवानी, लेखन या कोई नई भाषा सीखने के माध्यम से हो। ये गतिविधियाँ आत्म-अभिव्यक्ति और नए उद्देश्य के क्षण बन जाती हैं।

नए अनुभवों से जुड़ने से उबाऊ दिनचर्या से विराम मिलता है और जीवन की संभावनाओं के लिए उत्साह फिर से जागृत होता है। शोध इस बात की भी पुष्टि करते हैं कि निरंतर सीखना संज्ञानात्मक स्वास्थ्य में सकारात्मक योगदान देता है। संगीत, पहेलियों या अपरिचित कौशलों के माध्यम से मस्तिष्क को चुनौती देना मानसिक चपलता बनाए रखने में मदद करता है और गिरावट के जोखिम को भी कम कर सकता है। सीखने की क्रिया मन को ऐसे तरीकों से उत्तेजित करती है जो उसे तरोताजा और सुरक्षित करती हैं।

साझा शिक्षण वातावरण से मिलने वाले सामाजिक लाभ भी उतने ही महत्वपूर्ण हैं। कक्षाएं और कार्यशालाएँ दोस्ती के लिए उपजाऊ ज़मीन बन जाती हैं, जो अपनेपन और भावनात्मक समर्थन की भावना को बढ़ावा देती हैं। जीवन में बाद में अकेलेपन का सामना करने वालों के लिए, इस तरह का जुड़ाव बेहद मूल्यवान है। एक शिक्षण समुदाय में भाग लेकर, व्यक्ति सार्थक संबंध बनाते हैं जो उनके समग्र कल्याण को बढ़ाते हैं।

संक्षेप में, उम्र किसी व्यक्ति के ज्ञान की खोज में कभी बाधा नहीं बननी चाहिए। चाहे कोई नया कौशल अपनाना हो, किसी शौक में डूबना हो, या आधुनिक नवाचार के साथ तालमेल बिठाना हो, सीखने की इच्छा जीवन में नई ऊर्जा भर देती है। इस विचार को स्वीकार करने से कि हम सीखने के लिए कभी भी बूढ़े नहीं होते, अनंत रास्ते खुलते हैं—हर एक रास्ता उद्देश्य, जुनून और खोज के शाश्वत आनंद से ओतप्रोत होता है।

"सीखना एक उपहार है। दर्द भी आपका शिक्षक है"

हर अनुभव—चाहे वह सुखद हो, चुनौतीपूर्ण हो, या दर्दनाक—एक सबक लेकर आता है। जीवन किसी कक्षा या पाठ्यपुस्तक का इंतज़ार नहीं करता; यह पलों में, बातचीत में, उन शांत जगहों में सिखाता है जहाँ हम खुद से जूझते हैं। इस निरंतर विकसित होते पाठ्यक्रम में, दर्द एक गहन मार्गदर्शक के रूप में उभरता है।

आराम के विपरीत, जो पोषण तो करता है लेकिन शायद ही कभी विकास को प्रेरित करता है, दर्द परिवर्तन को मजबूर करता है। यह हमें आगे बढ़ाता है, भ्रमों को दूर करता है, और हमारे भीतर गहरे छिपे लचीलेपन को उजागर करता है। गिरना, दिल टूटना, असफलताएँ—ये सिर्फ़ निशान नहीं छोड़तीं; ये ज्ञान को तराशती हैं। कठिनाइयों के माध्यम से, हम धैर्य, स्पष्टता और इस बात की

गहरी समझ हासिल करते हैं कि हम कौन हैं और हम क्या बन सकते हैं।

शक्ति संघर्ष के अभाव में नहीं मिलती—यह संघर्ष की आग में गढ़ी जाती है। जैसे प्रतिरोध के दौरान एक मांसपेशी मज़बूत होती है, वैसे ही हमारा चरित्र विपत्ति के माध्यम से परिपक्व होता है। दर्द फुसफुसाकर या दहाड़कर बोल सकता है, लेकिन अगर हम सुनने की हिम्मत करें, तो इसके सबक हमें किसी भी आराम से कहीं ऊपर उठा सकते हैं।

दर्द को एक कुशल मूर्तिकार की तरह समझें, जो हमारी खुरदरी त्वचा को तराशकर हमारा एक अधिक लचीला, परिष्कृत रूप प्रकट करता है। हमारा हर संघर्ष परिवर्तन के एक उपकरण के रूप में कार्य करता है, जो दृढ़ता, साहस और भावनात्मक गहराई के माध्यम से हमारे चरित्र को आकार देता है। गलतियाँ बाधाएँ नहीं हैं—वे ज्ञान के ब्लूप्रिंट हैं। प्रत्येक असफलता, चाहे वह एक छूटा हुआ अवसर हो, एक असफल प्रयास हो, या एक दर्दनाक विदाई हो, एक शांत सबक देती है: धैर्य, सावधानी, दृढ़ संकल्प।

इतिहास के महानतम विचारक, नेता और रचनाकार शायद ही कभी अपने विकास का श्रेय सुख-सुविधा को देते हैं। इसके बजाय, वे कठिनाइयों को श्रेय देते हैं—वह कठिन परीक्षा जिसने उन्हें परखा और उन्हें कठोर बनाया। असली विकास तब शुरू होता है जब हम बदलाव का विरोध करना बंद कर देते हैं और इसके बजाय इस चुनौती के साथ जीना सीख जाते हैं। दर्द, जब स्वीकार कर लिया जाता है, तो एक खतरे के बजाय एक मार्गदर्शक बन जाता है—एक शिक्षक जो उन रास्तों को रोशन करता है जिन पर सुख-सुविधाएँ कभी पहुँचने की हिम्मत नहीं करतीं।

जीवन की कल्पना एक विशाल और जीवंत पुस्तक के रूप में करें, जिसका प्रत्येक अध्याय अनुभवों से भरा हुआ है। कुछ पन्ने

खुशी से गूंजते हैं, तो कुछ दुःख से। लेकिन अंत में, यह समृद्ध चित्रपट ज्ञान, शक्ति और गहराई की कहानी बुनता है। दर्द से सीखने का अर्थ है संघर्ष के नीचे छिपे सोने को खोजना—परीक्षणों को विजय में, हार को सबक में और असफलताओं को सीढ़ी में बदलना।

हम अपनी गलतियों से भी बहुत कुछ सीख सकते हैं। गलतियाँ असफलता के संकेत नहीं हैं—वे विकास के निमंत्रण हैं। प्रत्येक मनुष्य अपनी यात्रा अपूर्णता से शुरू करता है, और रास्ते में, हम सभी ठोकर खाते हैं। सबसे महत्वपूर्ण बात गलतियों की उपस्थिति नहीं, बल्कि उनके प्रति हमारी प्रतिक्रिया है। बिना सोचे-समझे वही गलतियाँ दोहराने से गंभीर परिणाम हो सकते हैं—कुछ तो अपरिवर्तनीय भी। जीवन अनमोल है, और अक्सर, यह उन्हीं गलतियों के लिए दूसरा मौका नहीं देता।

बहुत से लोग अपनी पिछली गलतियों में छिपे सबक को नज़रअंदाज़ कर देते हैं, और सुधार के बजाय आराम को प्राथमिकता देते हैं। लेकिन समझदारी वहीं से शुरू होती है जहाँ दोहराव खत्म होता है। बुद्धिमान व्यक्ति वे नहीं होते जो सभी गलतियों से बचते हैं—वे वे होते हैं जो तेज़ी से सीखते हैं और उन्हें दोहराने से इनकार करते हैं।

अज्ञानता से की गई गलतियों से हमें कभी निराश नहीं होना चाहिए। इसके विपरीत, वे समझ की ओर कदम बढ़ाने वाले पत्थर हैं। लेकिन जब हम सीखने और आगे बढ़ने से इनकार करते हैं, तो वे पत्थर बाधा बन जाते हैं। सच्चा विकास पछतावे को जागरूकता में और कर्म को सुधार में बदलने में निहित है।

दुनिया अनगिनत चुनौतियाँ पेश करती है, और दबाव में लड़खड़ाना स्वाभाविक है। फिर भी सीखने की आदत डालकर—अपनी कमियों से और यहाँ तक कि दूसरों के अनुभवों से भी—

हम एक समझदार, अधिक स्थिर जीवन का मार्ग प्रशस्त करते हैं। प्रत्येक सबक के साथ, हम उस तरह के व्यक्ति बनने के करीब पहुँचते हैं जिसकी ताकत दोषरहित होने में नहीं, बल्कि निडर होकर चिंतन करने में निहित है।

14- वह करो जो तुम्हें पसंद है

असंख्य आत्माओं के लिए यह सपना न केवल सरल है, बल्कि एक आंतरिक पुकार की तरह पवित्र भी—अपने जुनून को अपने जीवन-यापन में बदल देना। हर दिन वही करना जिसे आत्मा गहराई से चाहती है, इस विचार को अक्सर एक दुर्लभ सौभाग्य माना जाता है—जैसे यह वरदान केवल चंद भाग्यशाली लोगों को ही प्राप्त होता हो। लेकिन वास्तव में, यह भाग्य नहीं है जो यह रास्ता बनाता है—यह साहस है। रूढ़िवादिता को चुनौती देने का साहस। अनिश्चितता को स्वीकार करने का साहस। आराम की बजाय पूर्णता को चुनने का साहस।

जुनून को उद्देश्य में बदलना कोई संयोग नहीं होता—यह एक जागरूक निर्णय होता है, अर्थ की तलाश करने का, भले ही दुनिया आसान रास्ते दिखाए।

केवल कुछ ही लोग बाहरी दुनिया द्वारा थोपी गई अपेक्षाओं से मुक्त होने का साहस करते हैं। हम एक ऐसे समाज में रहते हैं जहाँ निर्णय और विश्वास अक्सर बाहरी आवाज़ों—संस्कृति, परिवार,

प्रवृत्तियों और जनमत—से प्रभावित होते हैं। यह कंडीशनिंग हमें हमारी वास्तविक इच्छाओं से धीरे-धीरे दूर कर देती है, जिससे कई लोग ऐसे रास्तों पर चलने लगते हैं जो उनके सच्चे लक्ष्य से कटे हुए लगते हैं।

इतिहास ऐसे अद्‌भुत कलाकारों, आविष्कारकों और दूरदर्शी लोगों से भरा पड़ा है जिन्होंने असाधारण कृतियाँ रचीं—इसलिए नहीं कि वे प्रसिद्धि या धन के पीछे भाग रहे थे, बल्कि इसलिए कि वे अपने काम से बेहद प्यार करते थे। उनका जुनून उनकी प्रतिभा का ईंधन बन गया। जब हम अपनी कला का सच्चा आनंद लेते हैं, तो हम स्वाभाविक रूप से उसमें अपना दिल और आत्मा डाल देते हैं। प्रवाह की उस अवस्था में, हम अक्सर अपनी बेहतरीन कृतियाँ रचते हैं—बिना किसी प्रयास के, फिर भी गहराई से।

यही कारण है कि मैं सभी को प्रोत्साहित करता हूँ कि वे उन चीज़ों को खोजें और उनका अनुसरण करें जिनसे उन्हें सचमुच प्यार है। जब आप किसी ऐसी चीज़ में संलग्न होते हैं जो आपकी आत्मा से जुड़ती है, तो काम बोझ नहीं लगता—यह आपके व्यक्तित्व की एक आनंददायक अभिव्यक्ति बन जाता है। और उस आनंद में, आपको न केवल पूर्णता, बल्कि उत्कृष्टता भी मिलेगी। आपके द्वारा रची गई चीज़ें आपके जुनून की ऊर्जा को धारण करेंगी, और यही ऊर्जा उन्हें वास्तव में प्रभावशाली बनाती है।

इसलिए केवल काम ही न करें—प्रेम की भावना से सृजन करें, अन्वेषण करें और निर्माण करें। परिणाम आपको आश्चर्यचकित करेंगे, और यह यात्रा आपको समृद्ध बनाएगी।

इस संतुलन को पुनः प्राप्त करने के लिए आंतरिक शक्ति की आवश्यकता होती है: शोरगुल से ऊपर अपने दिल की सुनने की

इच्छा। जब जुनून और पेशा एक हो जाते हैं, तो जीवन एक समृद्ध आयाम ग्रहण कर लेता है—न सिर्फ़ सफल, बल्कि आत्मीय भी।

दुनिया भर में लाखों लोग जुनून और उद्देश्य से भरपूर जीवन जीने का सपना देखते हैं। फिर भी, बहुत से लोग खुद को ऐसे करियर तक सीमित पाते हैं जिन्हें उन्होंने कभी चुना ही नहीं—प्रेरणा से नहीं, बल्कि आजीविका की तीव्र आवश्यकता से प्रेरित। यह हमारी आधुनिक दुनिया की सबसे बड़ी विडंबनाओं में से एक है: आर्थिक सुरक्षा की चाहत ने हमें पैसे का गुलाम बना दिया है। जीवन को और अधिक आरामदायक बनाने की कोशिश में, हम अक्सर उन चीज़ों को भूल जाते हैं जो जीवन को सार्थक बनाती हैं।

दिन-ब-दिन, लोग बेहतर भविष्य की उम्मीद में लंबे घंटे और अपार ऊर्जा लगाते हैं। फिर भी, कई लोग मुश्किल से बुनियादी ज़रूरतें पूरी कर पाते हैं। बढ़ती लागत, घटते मुनाफ़े और बढ़ते दबाव न केवल बैंक खातों को, बल्कि आंतरिक शांति को भी कमज़ोर कर देते हैं। जीवित रहने की इस दौड़ में, सपने टाल दिए जाते हैं, जुनून पीछे छूट जाते हैं, और आत्मा खामोश हो जाती है। हम पैसे के पीछे भागते हैं, फिर भी संतुष्टि हमसे दूर होती जाती है।

समय के साथ, पैसा मुद्रा से कहीं बढ़कर हो गया है—यह एक मूक तानाशाह बन गया है। यह हमारे निर्णयों को प्रभावित करता है, हमारी प्राथमिकताओं को आकार देता है, और यहाँ तक कि हमारी भावनाओं को भी प्रभावित करता है। हमें यह मानने के लिए तैयार किया गया है कि हमारी कीमत कमाई से मापी जाती है, कि हमारी तनख्वाह का आकार हमारी सफलता के आकार को दर्शाता है। लेकिन यह धारणा बहुत ही गलत है। सच्चा संतोष भौतिक संचय में नहीं, बल्कि आत्मिक एकता में निहित है—हमारे मूल्यों, जुनून और उन लोगों के साथ जिन्हें हम प्यार करते हैं।

तो सवाल पूछा जाना चाहिए: क्या यही वो जीवन है जिसके लिए हमें बनाया गया था? क्या बाहरी धन हमारे आंतरिक मूल्य को निर्धारित करना चाहिए? या क्या अब समय आ गया है कि हम इस पटकथा को चुनौती दें और अपने जीवन को उन चीज़ों पर केंद्रित करें जो वास्तव में मायने रखती हैं?

वित्तीय स्थिरता महत्वपूर्ण है—इससे इनकार नहीं किया जा सकता। लेकिन यह कभी भी हमारे सपनों, हमारे रिश्तों या हमारी मानसिक भलाई की कीमत पर नहीं आनी चाहिए। जीवन कोई संतुलित बही- खाता नहीं है—यह एक यात्रा है जिसे महसूस किया जाना चाहिए, अनुभव किया जाना चाहिए और मनाया जाना चाहिए।

तो, चुनौती अपनी कहानी को फिर से लिखने की है। हमें बिना किसी के स्वामित्व के कमाना सीखना होगा, आर्थिक भूलभुलैया में खुद को खोए बिना उसमें से निकलना होगा। पैसा एक उपकरण होना चाहिए—स्वामी नहीं। जब हम उस गतिशीलता को बदलते हैं, तो हम स्वयं को एक ऐसे जीवन के लिए खोल देते हैं, जहां समृद्धि जुनून के साथ-साथ विद्यमान रहती है, तथा महत्वाकांक्षा प्रामाणिकता में निहित होती है।

क्योंकि अंततः, धन क्षणभंगुर है—लेकिन जो यादें हम बनाते हैं, जो आनंद हम अपनाते हैं, और जिन सपनों को हम पूरा करने का साहस करते हैं... वे शाश्वत हैं। यही जीवन का सच्चा सार है।

क्या आपने कभी किसी भीड़-भाड़ वाले चौराहे पर खड़े होकर मानवता की धारा को बहते हुए देखा है? यह अराजकता का एक तमाशा है—चेहरे तत्परता से तने हुए, पैर जल्दी-जल्दी में थिरकते हुए, आँखें अदृश्य गंतव्यों पर टिकी हुई। गाड़ियाँ दहाड़ती हुई

गुज़रती हैं, हॉर्न हवा में गूंजते हैं, और दोपहिया वाहन संकरी जगहों से बेतहाशा तेज़ी से गुज़रते हैं, मानो खोया हुआ हर पल एक हारी हुई लड़ाई है। और अक्सर यह उन्माद त्रासदी में समाप्त होता है—अधीरता से पैदा हुई दुर्घटनाएँ, जल्दबाजी से प्रेरित टक्करें, गति कम करने से इनकार करने से बिखरती ज़िंदगियाँ।

लेकिन यह अथक भागदौड़ सिर्फ़ सड़क किनारे का दृश्य नहीं है—यह हमारी आंतरिक दुनिया का प्रतिबिंब है। पूरी दुनिया एक मैराथन में फँसी हुई प्रतीत होती है जिसकी कोई अंतिम रेखा नहीं है, जो पैसे, प्रतिष्ठा और तालियों के पीछे भाग रही है, बिना रुके मंज़िल पर सवाल उठाए। जीवन-यापन के बढ़ते खर्च और समाज के लगातार आत्म-केंद्रित होते जाने के साथ, व्यक्ति एक ऐसे चक्र में फँसते जा रहे हैं जो ज़्यादा मेहनत और कम अर्थ की माँग करता है। जीवन के इस नए बाज़ार में, भावनाएँ भी वस्तु बन गई हैं, और लोग सिर्फ़ जीवित रहने के लिए मन की शांति का सौदा कर रहे हैं।

रफ़्तार और रुतबे के इस जुनून ने हमारी खुशी की भावना को सुन्न कर दिया है। हम अब जीते नहीं—हम अमल करते हैं। हम मशीनी हो गए हैं, कॉर्पोरेट दिग्गजों, राजनीतिक शक्तियों और सांस्कृतिक अपेक्षाओं द्वारा लिखी गई पटकथाओं के अनुरूप। जीवन, जो कभी विकास, आश्चर्य और पूर्णता का वादा करता था, अब समय सीमा, रैंकिंग और अधिक पाने की निरंतर प्यास से काँप रहा है।

फिर भी सबसे गहरी विडंबना यह है: यह दौड़ कहीं नहीं ले जाती। हम वर्षों तक भ्रमों का पीछा करते हुए दौड़ते रहते हैं, केवल यह जानने के लिए कि हम कभी सही मुकाम पर पहुँचे ही नहीं। हम उन छोटे, सुनहरे पलों को खो देते हैं—एक आलिंगन की

अनकही गर्माहट, संध्या के आकाश की शांति, और वह हँसी जो मज़ाक के मिट जाने के बाद भी देर तक गूंजती रहती है। और हर छूटे हुए पल के साथ, हम जीवन के सार से और दूर होते जाते हैं।

तो अब क्या? इसका जवाब सब कुछ छोड़कर भाग जाना नहीं है—बल्कि जागना है। रुकना, चिंतन करना और सम्मोहक गति का विरोध करना। एक अलग राह पर चलना—जो खोखली महत्वाकांक्षाओं की बजाय सादगी, जागरूकता और उद्देश्य को महत्व देती है। अपनी यात्रा को उद्देश्यपूर्ण बनाएँ, आवेगपूर्ण नहीं। अपनी आत्मा को नेतृत्व करने दें, स्टॉपवॉच को नहीं।

क्योंकि अंततः, सफलता इस बात से नहीं मापी जाती कि हम कितनी तेज़ी से दौड़ते हैं। यह इस बात से निर्धारित होती है कि हम कितनी पूर्णता से जीते हैं—हम कितनी गहराई से महसूस करते हैं, हम कितनी बार मुस्कुराते हैं, और कितनी शालीनता से हम उन चीज़ों को चुनते हैं जो वास्तव में मायने रखती हैं।

मैंने भी ज़िंदगी में कई आवेगपूर्ण फ़ैसले लिए—किसी निजी विश्वास से नहीं, बल्कि बाहरी उम्मीदों के भारी दबाव से प्रेरित होकर। मैंने खुद को ऐसे कामों में उलझा पाया जो मेरे दिल से कभी नहीं जुड़े। बेशक, इन विकल्पों ने मुझे आगे बढ़ने में मदद की, लेकिन इनसे मुझे कभी सच्ची संतुष्टि या शांति का एहसास नहीं हुआ।

मुझे सबसे ज़्यादा तकलीफ़ उस दुनिया से होती है जो हमने गढ़ी है—एक ऐसी दुनिया जहाँ आम इंसान को दूसरों की महत्वाकांक्षाओं के लिए बस एक औज़ार बना दिया गया है। हमने उनके इर्द-गिर्द एक ऐसी हक़ीक़त बुन दी है कि उनके पास बहुत कम सच्चे विकल्प बचते हैं, वे अपने सपनों की उपेक्षा करते हुए

अभिजात वर्ग के सपनों के लिए मेहनत करने को मजबूर हैं।

इस अघोषित व्यवस्था में, बहुसंख्यक चुपचाप कष्ट सहते हैं। वे अपने अस्तित्व के सबसे अनमोल हिस्सों—समय, आनंद और उद्देश्य—को व्यक्तिगत विकास के लिए नहीं, बल्कि एक ऐसी व्यवस्था को बनाए रखने के लिए कुर्बान कर देते हैं जो उनके आंतरिक सत्य को शायद ही कभी महत्व देती है। उनकी क्षमता किसी और के सपने की वेदी पर कुर्बान कर दी जाती है, और पीछे रह जाती है अधूरे जीवन की एक लकीर।

किसी नौकरी में या किसी के नेतृत्व में काम करना ग़लत नहीं है। दरअसल, सहयोग और संरचना अक्सर विकास ला सकते हैं। लेकिन असली समस्या तब पैदा होती है जब हम दूसरों के अत्यधिक प्रभाव और बिना सवाल किए औचित्य के बोझ तले दब जाते हैं। ऐसे माहौल में, हमसे अपेक्षा की जाती है कि हम आँख मूँदकर आदेशों का पालन करें—कभी सवाल न करें, कभी चुनौती न दें। यह मौन आज्ञाकारिता वर्षों तक चल सकती है, धीरे-धीरे हमारी आंतरिक जीवंतता और रचनात्मक चिंगारी को नष्ट कर देती है।

रचनात्मकता सिर्फ़ एक विलासिता नहीं है—यह हमारे व्यक्तित्व का सार है। जब इसे दबा दिया जाता है, तो यह यूँ ही फीकी नहीं पड़ती; यह चुपचाप मर जाती है, और अपने साथ हमारे सबसे प्रामाणिक पहलू को भी ले जाती है। आज हम जिन महानतम कलाकारों और रचनाकारों की प्रशंसा करते हैं, उन्होंने सिर्फ़ नियमों का पालन नहीं किया—उन्होंने उन्हें तोड़ा, उन्हें नया रूप दिया, और अलग तरह से सोचने के अपने साहस से उत्कृष्ट कृतियों को जन्म दिया।

इसलिए रचनात्मकता को पोषित करना ज़रूरी है, चाहे हम कोई भी भूमिका निभाएँ या कोई भी काम करें। दुर्भाग्य से, हम एक ऐसी दुनिया में रहते हैं जो अक्सर एकतरफ़ा प्रवाह में बहती है, जहाँ रचनात्मकता को सिर्फ़ नज़रअंदाज़ नहीं किया जाता—उसे सक्रिय रूप से हतोत्साहित किया जाता है। यह लोगों को बार-बार दोहराए जाने वाले सिस्टम तक सीमित रखता है, नवाचार को हतोत्साहित करता है और उन सवालों को दबा देता है जो बदलाव की ओर ले जा सकते हैं।

सच्चे तौर पर ज़िंदा रहने के लिए, हमें अपनी रचनात्मक भावना की रक्षा करनी होगी। आँख मूंदकर विद्रोह करके नहीं, बल्कि सचेत रूप से सवाल करके, कल्पना करने का साहस करके, और दुनिया को हमारे आंतरिक ब्रह्मांड को छोटा करने से मना करके।

मैं आपके भीतर कुछ जगाना चाहता हूँ—कुछ शक्तिशाली और लंबे समय से भुला दिया गया। अब समय आ गया है कि आप अपने जीवन पर नियंत्रण वापस लें। सच्चा परिवर्तन तभी शुरू होता है जब आप अपना ध्यान और ऊर्जा उन चीज़ों पर केंद्रित करते हैं जो आपकी आत्मा को प्रज्वलित करती हैं, न कि उन पर जो उसे कमज़ोर करती हैं।

जितनी जल्दी हम इस सच्चाई को पहचानेंगे और इसका सम्मान करना शुरू करेंगे, हमारा जीवन उतना ही अधिक आनंदमय और संतुष्टिदायक होगा। हम अक्सर इस बदलाव को टालते हैं, मान्यता या समर्थन की प्रतीक्षा में—लेकिन सच कहूँ तो: दुनिया उदासीन है, कभी-कभी क्रूर भी। अगर आप इसके उत्साहवर्धन का इंतज़ार कर रहे हैं, तो आप हमेशा के लिए इंतज़ार कर सकते हैं।

शक्ति का एकमात्र अटूट स्रोत आपके भीतर ही है। आपका

आंतरिक साहस वह दिशासूचक है जो आपको उस मार्ग पर ले जाएगा जो आपकी आत्मा को पोषित करता है। इसे चुनें। इस पर भरोसा करें। और इसे आपको एक ऐसे जीवन की ओर ले जाने दें जो न केवल सहने योग्य हो, बल्कि वास्तव में सार्थक हो।

15 - हर दिन जश्न मनाने लायक है।

जागना और एक नए दिन का साक्षी बनना, ज़िंदगी द्वारा हमें दिए गए सबसे बड़े तोहफ़ों में से एक है—चुपचाप, लगातार और बिना किसी शर्त के। फिर भी, बहुत कम लोग इसके महत्व को सही मायने में समझते हैं। हम हर सूर्योदय को हल्के में लेते हैं, यह मानकर कि हमेशा एक और सूर्योदय होगा। जब तक कि एक दिन ऐसा न हो।

अपने 45 साल के जीवन में, मैंने कई लोगों को चुपचाप विदा होते देखा है—कुछ करीबी, कुछ दूर के—जिनका जाना अचानक हवा के झोंके की तरह हुआ, अपने पीछे सन्नाटा और चिंतन छोड़ गया। मुझे एहसास हुआ है कि मृत्यु उम्र, स्वास्थ्य या परिस्थितियों से बंधी नहीं होती। यह अनुमति का इंतज़ार नहीं करती, न ही कोई चेतावनी देती है। यह बिना किसी पूर्व सूचना के, अक्सर हँसी, योजनाओं और सपनों के बीच आती है।

इस दुनिया को छोड़ने वाले कई लोग मुझसे भी कम उम्र के थे—जो जीवन शक्ति, महत्वाकांक्षा और आशा से भरे थे। उनकी अनुपस्थिति एक भयावह याद दिलाती है कि जीवन कोई वादा नहीं, बल्कि केवल दिया गया है। हर सुबह जब हम जागते हैं, एक दिव्य

निमंत्रण है, ईश्वर द्वारा दिया गया एक पवित्र अवसर। और फिर भी, यह प्रस्ताव बिना किसी स्पष्टीकरण या सूचना के, किसी भी क्षण वापस लिया जा सकता है।

इस सच्चाई के बावजूद, लोग अपनी दिनचर्या में उलझे रहते हैं—समय सीमा का पीछा करते हुए, संपत्ति इकट्ठा करते हुए, और छोटी-छोटी बातों की चिंता करते हुए। एक अजीब सा भ्रम है कि कल निश्चित है, कि मृत्यु एक दूर की बात है जो केवल बुज़ुर्गों या बीमारों के लिए आरक्षित है। यह भ्रम एक सूक्ष्म अहंकार, उस शक्ति के प्रति एक शांत कृतघ्नता पैदा करता है जो हमें जीवन देती है।

हम साधारण चमत्कारों के लिए ईश्वर का धन्यवाद करना भूल जाते हैं: धड़कता हुआ दिल, हमारे फेफड़ों में साँस, हमारा स्वागत करता सूर्योदय। हम भूल जाते हैं कि हर पल उधार का है, स्वामित्व का नहीं। और इस विस्मृति में, हम जीवन के प्रति ही श्रद्धा खो देते हैं।

मृत्यु के बोध के साथ जीना भय में जीना नहीं है—यह पूर्णता में जीना है। यह समय की पवित्रता, रिश्तों की सुंदरता और कृतज्ञता की तात्कालिकता को पहचानना है। यह रुककर "धन्यवाद" कहना है, केवल शब्दों से नहीं, बल्कि उपस्थिति से।

हमें कृतज्ञता सिखाने के लिए नुकसान का इंतज़ार नहीं करना चाहिए। जब तक जीवन हमारे पास है, आइए उसका सम्मान करें और याद रखें कि हर धड़कन ईश्वर की एक उपहार है, जो हमें जीने की याद दिलाती है—सिर्फ़ अस्तित्व में रहने की नहीं।

सफलता, समय-सीमाओं और भटकावों की दौड़ में, हम ठहरना भूल गए हैं। हम साधारण पलों की खूबसूरती से दूर हो गए हैं—सूरज की रोशनी की गर्माहट, साँसों की लय, मुस्कान में छिपी खुशी। ज़िंदगी इतनी तेज़ गति से भाग रही है कि अब हम नज़ारों

पर ध्यान ही नहीं देते। कृतज्ञता की जगह दिनचर्या ने ले ली है। आश्चर्य की जगह तात्कालिकता ने ले ली है।

लेकिन हर दिन एक दिव्य भेंट है—ब्रह्मांड द्वारा दिया गया एक नया कैनवास। यह सिर्फ़ समय नहीं है; यह अवसर है। यह उपचार है। यह अनुग्रह है। और यह हमारे धन्यवाद का पात्र है। जीवित रहना, महसूस करना, विकसित होना, प्रेम करना—यह कोई छोटी बात नहीं है। यह सब कुछ है।

आइए हम इस इंतज़ार में न रहें कि कोई नुकसान हमें कृतज्ञता सिखाएगा। इसके बजाय, आइए हम हर दिन की शुरुआत श्रद्धा के साथ करें। क्योंकि वर्तमान क्षण साधारण नहीं है—यह पवित्र है।

बहुत से लोग ज़िंदगी भर जश्न मनाने की वजहें ढूँढ़ते रहते हैं—महत्त्वपूर्ण उपलब्धियों, उपलब्धियों या बेहतरीन पलों का इंतज़ार करते हुए। और अक्सर, उन्हें कोई वजह नहीं मिलती। लेकिन मैं आपको एक गहरी बात याद दिला दूँ: अगर आप आज ज़िंदा हैं, तो यही जश्न मनाने की एक वजह है।

अगर आप ज़िंदगी का जश्न नहीं मना रहे हैं, तो इसकी वजह यह नहीं है कि ज़िंदगी में कोई अर्थ नहीं है—बल्कि इसकी वजह यह है कि आपने इसकी क़ीमत पहचानना बंद कर दिया है। यह अनगिनत लोगों की खामोश त्रासदी है: वे बिना सही मायने में जीए जीते हैं। वे साँस लेते हैं, चलते हैं, ज़िंदा हैं—लेकिन वे आनंद लेना भूल जाते हैं।

जीवित और स्वस्थ रहना एक ईश्वरीय आशीर्वाद है, एक शांत चमत्कार जिसे हम अक्सर नज़रअंदाज़ कर देते हैं। इस दुनिया में हर किसी को इस आनंद का अनुभव करने का मौका नहीं मिलता। और फिर भी, जिन्हें मिलता है, वे अक्सर इसका सम्मान नहीं कर पाते। वे इस दुनिया से पछतावे के साथ जाते हैं, अपने दिन दुख में बिताकर, भले ही उन्होंने एक सुंदर और स्वस्थ जीवन जिया हो।

ज़िंदगी के अपनी कीमत बताने का इंतज़ार मत करो। अभी सुनो, जब तक यह कह रही है। इससे पहले कि बहुत देर हो जाए, अपने अस्तित्व का जश्न मनाओ। ज़िंदगी एक क्षणभंगुर मेहमान है—यह एक बार आता है, और फिर कभी वापस नहीं आता। इसलिए इसका स्वागत खुशी, कृतज्ञता और श्रद्धा के साथ करें।

जीवन को महत्व दें। इसका जश्न मनाएँ। क्योंकि आनंदित होने का सबसे बड़ा कारण पहले से ही आपके भीतर है: आप जीवित हैं।

हमारा अतीत चाहे कितना भी भारी या दर्दनाक क्यों न हो, हर दिन हमें फिर से शुरुआत करने का मौका देता है। नई शुरुआत करने की शक्ति अतीत को बदलने में नहीं है—यह वर्तमान को खुली बाहों और बोझमुक्त हृदय से अपनाने में है। ऐसा करने के लिए, हमें कल की चिंताओं और आने वाले कल की चिंताओं के बोझ को उतारना सीखना होगा।

जब हम पुरानी यादों को बहुत लंबे समय तक अपने साथ रखते हैं—खासकर वे जो पछतावे या दुःख से भरी होती हैं—तो वे हमारी दृष्टि को धुंधलाने लगती हैं। हम उस सुंदरता को देखना बंद कर देते हैं जो हर नया दिन चुपचाप लेकर आता है। हम सूक्ष्म चमत्कारों को देख ही नहीं पाते: सूरज की रोशनी की गर्माहट, हमारे फेफड़ों में साँस, ज़िंदा होने का साधारण आनंद।

यहाँ तक कि हमारा शरीर भी हमें इस सच्चाई की याद दिलाता है। विज्ञान हमें बताता है कि हमारी लगभग 1% कोशिकाएँ हर दिन बदल जाती हैं। सिर्फ़ 100 दिनों में, हम शारीरिक रूप से नए हो जाते हैं—परिवर्तन की संभावना का एक जीवंत प्रमाण। फिर भी, जहाँ हमारा शरीर विकसित होता है, वहीं हमारा मन अक्सर पुराने ढर्रे, पुराने व्यवहारों और धुंधली यादों में जकड़ा रहता है।

हर सूर्योदय प्रकृति का यह कहने का तरीका है, "तुम वो नहीं रहे जो तुम कल थे।" जीवन, सूरज की तरह, नए अवसरों के साथ उगता है—अगर हम उन्हें देखना चाहें।

तो जाने दो। इसलिए नहीं कि अतीत मायने नहीं रखता था, बल्कि इसलिए कि वर्तमान तुम्हारा पूरा ध्यान पाने का हकदार है। जो भूलना ज़रूरी है उसे भूल जाओ। जो माफ़ करने लायक है उसे माफ़ कर दो। और जो अभी घटित हो रहा है उस पर ध्यान केंद्रित करो। क्योंकि इसी क्षण, आपका पुनर्जन्म हो रहा है।

इस विशाल संसार में, केवल कुछ ही लोग जीवन का सच्चा जश्न मनाते हैं—वे जो हर पल को एक दिनचर्या की तरह नहीं, बल्कि एक रहस्योद्घाटन की तरह अपनाते हैं। दुर्भाग्य से, अधिकांश लोग संघर्ष में उलझे रहते हैं, उम्मीदों, निराशाओं और खामोश लड़ाइयों के बोझ तले दबे रहते हैं। उनके दिन खोज में बीतते हैं, रातें चिंता में। और निराशा के सबसे गहरे कोनों में, कुछ लोग आत्महत्या जैसे अपरिवर्तनीय कदम भी उठा लेते हैं, यह मानकर कि वे जीवन के विरुद्ध युद्ध हार गए हैं। यह एक ऐसी त्रासदी है जो मानवता की आत्मा में गूँजती है।

लेकिन यह केवल एक व्यक्तिगत संकट नहीं है—यह एक सामाजिक संकट है। हमें, एक समूह के रूप में, एक-दूसरे को यह याद दिलाने के लिए उठ खड़ा होना होगा कि जीवन सहने की सज़ा नहीं, बल्कि जश्न मनाने का एक चमत्कार है। जब हम संभावनाओं की प्रचुरता, साधारण क्षणों की सुंदरता और साँसों की पवित्रता को देखना शुरू करते हैं, तो जीवन रूपांतरित हो जाता है। यह अस्तित्व का उत्सव बन जाता है।

सत्य सरल पर गहरा है: जीवन इस दुनिया में जन्म लेने वाली प्रत्येक आत्मा के लिए एक उत्सव है। लेकिन बहुत कम लोग ही इस सत्य के प्रति जागरूक होते हैं। जो लोग ऐसा करते हैं, वे आशा, आनंद और प्रेरणा के प्रकाशमान प्रकाश स्तंभ बन जाते हैं। वे सिर्फ़

जीते नहीं—वे चमकते हैं। उनकी उपस्थिति उत्थान करती है, उनका आनंद उपचार करता है।

मैंने भारत के सुदूर कोनों में इस जादू को देखा है—जहाँ सादगी आनंद के साथ नृत्य करती है। वहाँ लोग जीवन का जश्न धन या पद से नहीं, बल्कि हँसी, संगीत और एकजुटता से मनाते हैं। वे धरती पर नंगे पाँव नाचते हैं, उन्मुक्त होकर गाते हैं, और बिना किसी कारण के मुस्कुराते हैं। उनके हृदय प्रकाशवान हैं, उनकी आत्माएँ उन्मुक्त हैं। वे महत्वाकांक्षा के बोझ के बिना, सत्ता की भूख के बिना जीते हैं।

इसके विपरीत, शहर अक्सर एक अलग कहानी बयां करते हैं। यहाँ लोग सोने में लिपटे सपनों का पीछा करते हैं, प्रतिष्ठा के लिए शांति और पहचान के लिए रिश्तों की बलि चढ़ाते हैं। वे बहुत कुछ हासिल करते हैं, फिर भी जश्न कम ही मनाते हैं। उनके कैलेंडर भरे हुए हैं, लेकिन उनके दिल खाली हैं।

लेकिन जश्न मनाने के लिए प्रतिभा या पूर्णता की आवश्यकता नहीं होती। इसके लिए उपस्थिति की आवश्यकता होती है। इसके लिए कृतज्ञता की आवश्यकता होती है। जीवन का जश्न मनाने के लिए, हमें चिंता के बोझ से खुद को मुक्त करना होगा, अपनी ज़रूरतों के लिए काम करना होगा—अपने लालच के लिए नहीं—और दूसरों के चेहरे पर मुस्कान लाने में छिपे गहन आनंद की खोज करनी होगी।

जब हम जीवन का जश्न मनाना सीख जाते हैं, तो हम इसे संघर्ष के रूप में नहीं, बल्कि एक पवित्र नृत्य के रूप में देखने लगते हैं। हर पल एक चमत्कार बन जाता है। हर साँस एक प्रार्थना बन जाती है। हर दिन एक उपहार बन जाता है।

इसलिए आनंद मनाने के लिए सही पल का इंतज़ार न करें। अभी आनंद मनाएँ। क्योंकि जीवन कोई मंज़िल नहीं—यह एक यात्रा है। और यह यात्रा ही उत्सव है।

जीवन हर व्यक्ति के द्वार पर दस्तक देता है—शानदार ढंग से नहीं, बल्कि शांत अवसरों के साथ। ये पल, जो अक्सर सूक्ष्म और क्षणभंगुर होते हैं, हमारे भाग्य को आकार देने की शक्ति रखते हैं। जीवन, अपने मूल में, उठने, चुनने और सृजन का निमंत्रण है। लेकिन यह क्षमाशील भी नहीं है—छूटे हुए अवसर शायद ही कभी लौटकर आते हैं। इसलिए सही समय पर सही निर्णय लेना न केवल महत्वपूर्ण है—बल्कि अनिवार्य भी है।

फिर भी, दुनिया भर में लाखों लोगों के लिए, जीवन हमेशा स्पष्टता या प्रचुरता से भरे विकल्प प्रदान नहीं करता। कई लोग ऐसी परिस्थितियों में पैदा होते हैं जहाँ विकल्प सीमित होते हैं, और आगे बढ़ने का एकमात्र रास्ता यही है कि जीवन उन्हें जो देता है उसे स्वीकार कर लें। यह अनगिनत लोगों की खामोश कहानी है—जो भाग्य से पराजित महसूस करते हैं, जिन्हें अपनी कहानी फिर से लिखने का कभी मौका नहीं मिला।

लेकिन सारा दोष अकेले जीवन नहीं उठा सकता। अक्सर, अवसर का अभाव नहीं, बल्कि साहस का अभाव हमें पीछे धकेलता है। किसी न किसी मोड़ पर, हममें से प्रत्येक को नियंत्रण का एक क्षण दिया जाता है—अपने जीवन को एक नई दिशा में मोड़ने का मौका। लेकिन भय, संदेह और सीमित सोच हमारे निर्णय को धुंधला कर देते हैं। हम हिचकिचाते हैं। हम समझौता कर लेते हैं। और ऐसा करते हुए, हम संभावना को हाथ से जाने देते हैं।

जीवन के शुरुआती अध्यायों में जो कभी सही लगता था, वह बाद में खुद को एक दर्दनाक मोड़ के रूप में प्रकट कर सकता है। जल्दबाजी या दबाव में लिए गए फैसले वर्षों तक हमारे लिए

बोझ बन सकते हैं। फिर भी, जीवन मुक्ति के बिना नहीं है। अपनी कठोरता के बीच भी, यह सुंदरता प्रदान करता है—अनुग्रह, प्रेम और शांत आनंद के क्षण। प्रकाश के ये अंश हमें अंधकार को सहने में मदद करते हैं।

और इसलिए, हम चलते रहते हैं। हम खुद को उस सुंदरता के लिए समर्पित करते हैं जो बची रहती है, और जो चोट पहुँचाती है उस पर ध्यान केंद्रित करने के बजाय जो उत्थान करती है उस पर ध्यान केंद्रित करना चुनते हैं। यह मानव आत्मा का शांत लचीलापन है—जीवन के योजना के अनुसार न चलने पर भी अर्थ खोजने की क्षमता।

अंततः, जीवन केवल इस बारे में नहीं है कि वह क्या देता है या क्या लेता है। यह इस बारे में है कि हम कैसे प्रतिक्रिया देते हैं। यह चुनने के साहस, चिंतन करने के ज्ञान और आगे बढ़ते रहने की शक्ति के बारे में है—तब भी जब रास्ता अस्पष्ट हो।

16 – धन से परे सफलता

आज की दुनिया में, पैसे की चाहत ने मानवता के सार को ढक लिया है। लोग तेज़ी से पैसे को मूल्यों, रिश्तों, यहाँ तक कि ज़िंदगी से भी ज़्यादा अहमियत देने लगे हैं। अमीर बनने की इस अथक दौड़ में, कई लोग जानवरों जैसा व्यवहार करने लगते हैं—लालच से प्रेरित, महत्वाकांक्षा से अंधे, और किसी भी हद को पार करने को तैयार। समाजों में बढ़ते अपराध की जड़ अक्सर धन के प्रति इसी जुनून में निहित होती है। धोखाधड़ी से लेकर हिंसा, यहाँ तक कि हत्या तक—पैसा अनगिनत त्रासदियों के पीछे का कारण बन गया है।

मानवीय रिश्ते, जो कभी भावनात्मक खुशहाली की नींव हुआ करते थे, अब पीछे छूट गए हैं। अब भाई-बहनों को पैतृक संपत्ति को लेकर तीखे झगड़ों में उलझे, आर्थिक लाभ के लिए परिवारों को टूटते हुए देखना आम बात हो गई है। रिश्तेदारी की गर्माहट की जगह ठंडे हिसाब-किताबों ने ले ली है।

पैसा, जो कभी एक औज़ार था, अब मालिक बन गया है। यह दिमागों को नियंत्रित करता है, चुनाव तय करता है, और दिलों को गुलाम बनाता है। लोग इसकी दौड़ में खुद को खो देते हैं,

यह भूल जाते हैं कि वे कौन हैं और असल में क्या मायने रखता है। यह दौड़ न केवल साहसिक है—यह क्रूर भी है। यह तनाव, चिंता और उपलब्धि का एक खोखला एहसास लेकर आती है। जो लोग रिश्तों से ज़्यादा पैसे को प्राथमिकता देते हैं, वे अक्सर खुद को अलग-थलग, निराश और भावनात्मक रूप से दिवालिया पाते हैं।

हाँ, पैसा उपयोगी है। यह आराम, सुरक्षा और अवसर प्रदान करता है। लेकिन इसे कभी भी हमारी कीमत तय नहीं करनी चाहिए या हमारे व्यवहार को नियंत्रित नहीं करना चाहिए। जब हम पैसे को अपने अहंकार को बढ़ाने देते हैं, तो हम खुद को श्रेष्ठ समझने लगते हैं—यह भूल जाते हैं कि धन अस्थायी और नाज़ुक है। इस जीवन के बाद कोई भी धन हमारे साथ नहीं रह सकता। जो बचता है वह यह है कि हमने कैसे जिया, हमने कैसे प्यार किया और हमने दूसरों के साथ कैसा व्यवहार किया।

आइए याद रखें: धन हमारी सेवा करे, हम पर शासन न करे। सच्ची समृद्धि करुणा, जुड़ाव और चरित्र में निहित है—मुद्रा में नहीं।

ज़्यादातर लोगों के लिए, धन प्राथमिक प्रेरक शक्ति बन जाता है—उपलब्धि और सुरक्षा का प्रतीक। वे अक्सर इसे सबसे ऊपर रखते हैं, यह मानते हुए कि यह सफलता का अंतिम पैमाना है। फिर भी, एक बुद्धिमान व्यक्ति समझता है कि सच्ची सफलता आर्थिक लाभ से बढ़कर है। धन उन अनेक पुरस्कारों में से एक मात्र है जो सफलता ला सकती है—उसकी परिभाषा नहीं।

जो लोग सफलता को केवल धन-दौलत से जोड़ते हैं, वे अक्सर जीवन के गहरे और अधिक संतुष्टिदायक आयामों से चूक जाते हैं। वे संख्याओं के पीछे भागते हैं, लेकिन अर्थ खो देते हैं। हालाँकि पैसा निश्चित रूप से प्रेरित और आराम प्रदान कर सकता है, यह केवल एक मील का पत्थर है - मंज़िल नहीं।

असली सफलता विकास, उद्देश्य, रिश्तों और आंतरिक शांति में निहित है। यह हमारे द्वारा किए गए प्रभाव, हमारे द्वारा छुए गए जीवन और हमारे द्वारा छोड़ी गई विरासत में निहित है। पैसा सुविधाएँ तो खरीद सकता है, लेकिन यह कभी भी वास्तविक संतुष्टि या स्थायी तृप्ति नहीं खरीद सकता।

आज की दुनिया में, अनगिनत लोग अपने भीतर सपनों की शांत आग रखते हैं—जो जुनून, रचनात्मकता और उद्देश्य से पैदा हुई आकांक्षाएँ हैं। फिर भी, कठोर वास्तविकता बनी हुई है: कई लोग जीविका कमाने के लिए इन सपनों को दरकिनार करने के लिए मजबूर हैं। वित्तीय अस्तित्व की खोज अक्सर व्यक्तिगत संतुष्टि की खोज पर हावी हो जाती है, जिससे लोग एक ऐसे चक्र में फँस जाते हैं जहाँ पैसा ही स्वामी और मापदंड दोनों बन जाता है।

इस आधुनिक दुविधा ने एक खामोश महामारी पैदा कर दी है—लाखों लोग बिना थके काम कर रहे हैं, आनंद के लिए नहीं, बल्कि ज़रूरत के लिए। दिन-ब-दिन, वे अपनी ऊर्जा ऐसे कामों में झोंक देते हैं जिनसे उन्हें भावनात्मक रूप से बहुत कम प्रतिफल मिलता है, और वे बुनियादी स्थिरता हासिल करने की अथक ज़रूरत से प्रेरित होते हैं। और अपनी लगन के बावजूद, कई लोग अभी भी जीवन की ज़रूरी चीज़ें जुटाने के लिए संघर्ष करते हैं। उनके प्रयास, भले ही नेक हों, अक्सर उस आराम और आज़ादी को देने में नाकाम रहते हैं जिसकी उन्हें चाहत होती है।

इस तरह के व्यापक संघर्ष को देखना बेहद निराशाजनक है। जो लोग अपना सर्वश्रेष्ठ देते हैं—जो सुबह जल्दी उठते हैं, देर तक

काम करते हैं, और ज़िम्मेदारियों का बोझ उठाते हैं—वे अक्सर खुद को उस जीवन का आनंद लेने में असमर्थ पाते हैं जिसकी उन्होंने कल्पना की थी। उनके सपने धरे के धरे रह जाते हैं, उनके जुनून अधूरे रह जाते हैं, और उनकी क्षमताएँ साकार नहीं हो पातीं।

यह सिर्फ़ एक आर्थिक मुद्दा नहीं है—यह एक मानवीय मुद्दा है। यह हमारे मूल्यों और प्रणालियों में एक गहरे असंतुलन की ओर इशारा करता है, जहाँ अस्तित्व ने आत्म-अभिव्यक्ति को ग्रहण लगा दिया है, और जहाँ आत्मा की लालसा दायित्व के शोर में दब जाती है।

आर्थिक निर्भरता का चक्र आधुनिक जीवन के सबसे लगातार और खामोश संघर्षों में से एक है। अनगिनत लोगों के लिए, यह जीवन भर चलता रहता है—एक अंतहीन चक्र जहाँ धन की खोज अर्थ की खोज पर भारी पड़ जाती है। बहुतों को कभी भी वह जीवन जीने का मौका नहीं मिलता जिसकी वे कल्पना करते हैं। धन, जो कभी एक साधन था, अब एक सर्वव्यापी शक्ति बन गया है—हमारे विकल्पों को नियंत्रित करता है, हमारी भावनाओं को आकार देता है, और हमारी खुशी और सफलता की भावना को परिभाषित करता है।

इस धारणा ने एक खतरनाक भ्रम को जन्म दिया है: कि धन ही पूर्णता की अंतिम कुंजी है। इसके बिना, आनंद अप्राप्य है और सपने अप्राप्य हैं। और जबकि वित्तीय स्थिरता निस्संदेह महत्वपूर्ण है, यह एक सुनियोजित जीवन का एकमात्र मापदंड नहीं है।

इन चुनौतियों के बीच, हमें उस शांत शक्ति और अप्रयुक्त क्षमता को याद रखना चाहिए जो प्रत्येक व्यक्ति के भीतर निहित है। हम केवल जीवित रहने के लिए पैदा नहीं हुए हैं—हम सृजन करने, जुड़ने और विकसित होने के लिए पैदा हुए हैं।

यथास्थिति को स्वीकार करने के बजाय, हमें एक बेहतर तरीके की कल्पना करने का साहस करना चाहिए। एक ऐसा तरीका जहाँ जुनून को आवश्यकता की वेदी पर बलिदान न किया जाए।

समाजों को इस चुनौती के लिए तैयार होना होगा। रचनात्मकता को पोषित करने, व्यक्तिगत विकास को बढ़ावा देने और विविध प्रतिभाओं का सम्मान करने वाले वातावरण को बढ़ावा देकर, हम व्यक्तियों को वित्तीय बाधाओं की बेड़ियों से मुक्त होने के लिए सशक्त बना सकते हैं। शिक्षा, कौशल विकास और उद्यमिता केवल आर्थिक साधन नहीं हैं—ये मुक्ति के मार्ग हैं। ये लोगों को अपने भाग्य को आकार देने, अपने काम को अपने मूल्यों के साथ जोड़ने और उद्देश्यपूर्ण जीवन जीने का अवसर प्रदान करते हैं।

हमें खुशी और सफलता की अपनी समझ को भी नए सिरे से परिभाषित करना होगा। सच्ची संतुष्टि बैंक बैलेंस में शायद ही कभी मिलती है—यह सार्थक रिश्तों में, व्यक्तिगत विकास में, और जो हमें पसंद है उसे करने के शांत आनंद में मिलती है। पैसा आराम खरीद सकता है, लेकिन संतुष्टि नहीं। यह दीवारें खड़ी कर सकता है, लेकिन संबंध नहीं बना सकता।

कुंजी संतुलन में निहित है। हमें वित्तीय ज़िम्मेदारी को व्यक्तिगत आकांक्षाओं के साथ सामंजस्य बिठाना सीखना चाहिए। यथार्थवादी वित्तीय लक्ष्य निर्धारित करना, बुद्धिमानी से धन प्रबंधन का अभ्यास करना और वित्तीय साक्षरता विकसित करना हमें अपने सपनों को खोए बिना स्थिरता बनाने में मदद कर सकता है। जब पैसा हमारे लिए काम करता है—न कि इसके विपरीत—तो हम अपनी स्वतंत्रता पुनः प्राप्त करते हैं।

अपने जीवन में वित्तीय समझदारी जोड़ें

कई लोगों के लिए, पैसा कमाना सबसे बड़ी चुनौती नहीं है। दरअसल, सही कौशल, अवसरों और प्रयासों से आय अर्जित

करना अक्सर संभव होता है। असली मुश्किल उस पैसे का बुद्धिमानी से प्रबंधन करने में है। लोगों को आर्थिक तंगी में फँसाने वाली कमाई की कमी नहीं है—बल्कि कुप्रबंधन, आवेगपूर्ण आदतें और वित्तीय जागरूकता की कमी है जो चुपचाप उनकी संपत्ति और मन की शांति को नष्ट कर देती है। गलत खर्च करने के विकल्प, भावुक खरीदारी और बजट की अनदेखी एक ऐसा चक्र बनाती है जहाँ पैसा आता तो है, लेकिन स्थिरता बनाने के लिए पर्याप्त समय तक नहीं टिकता।

यह वित्तीय जाल भेदभाव नहीं करता—यह सभी व्यवसायों और आय स्तरों के लोगों को प्रभावित करता है। अच्छी कमाई करने वाले लोग भी अनुशासन और दूरदर्शिता की कमी के कारण तनख्वाह से तनख्वाह तक जीने को मजबूर हो सकते हैं। सच तो यह है कि बिना प्रबंधन के पैसा टपकते बर्तन में पानी की तरह है—यह सार्थक उपयोग से पहले ही गायब हो जाता है।

लेकिन यहाँ सशक्त बनाने वाली बात यह है: वित्तीय समझदारी की एक छोटी सी खुराक से भी, कोई अपनी वित्तीय ताकत में नाटकीय रूप से वृद्धि कर सकता है। बजट बनाना, निवेश करना और उद्देश्यपूर्ण खर्च करना सीखना, पैसे को तनाव के स्रोत से आज़ादी के साधन में बदल देता है। यह हमें जीवित रहने के तरीके से मुक्त होने और एक ऐसे जीवन में कदम रखने की अनुमति देता है जहाँ हम उन चीज़ों का पीछा कर सकते हैं जो वास्तव में मायने रखती हैं—हमारे जुनून, रिश्ते, रचनात्मकता और व्यक्तिगत विकास।

वित्तीय निपुणता का मतलब धन संचय करना नहीं है—यह धन को अर्थ के साथ जोड़ना है। जब हम अपने वित्त का प्रबंधन स्पष्टता और इरादे से करते हैं, तो हम अपनी शर्तों पर जीने की क्षमता को अनलॉक करते हैं। हम केवल कमाने के लिए काम करना बंद कर देते हैं और जीने के लिए कमाना शुरू कर देते हैं। यह बदलाव—

पैसे के नियंत्रण से उसके द्वारा सशक्त होने तक—वास्तविक वित्तीय सफलता है।

बहुत से लोग खुद को आर्थिक संकट में फँसा पाते हैं—इसलिए नहीं कि उनके पास आमदनी की कमी है, बल्कि इसलिए कि वे बिना सोचे-समझे या योजना बनाए खर्च करते हैं। हालाँकि अच्छा पैसा कमाना निस्संदेह महत्वपूर्ण है, लेकिन वित्तीय सफलता का असली पैमाना इस बात में निहित है कि उस पैसे का प्रबंधन कितनी समझदारी से किया जाता है। अनगिनत लोगों ने अकूत संपत्ति अर्जित की है, लेकिन आवेगपूर्ण निर्णयों और खराब वित्तीय आदतों के कारण दिवालिया हो गए हैं।

यह एक महत्वपूर्ण सत्य को रेखांकित करता है: धन का होना मूल्यवान है, लेकिन यह समझना कहीं अधिक आवश्यक है कि इसका प्रभावी ढंग से उपयोग कैसे किया जाए। दुर्भाग्य से, वित्तीय ज्ञान सर्वत्र प्राप्त नहीं है। सभी उम्र के लोग अक्सर अनुशासित खर्च करने की कला को समझने में विफल रहते हैं, अनजाने में खुद को भविष्य की कठिनाइयों के लिए तैयार कर लेते हैं।

वित्तीय स्थिरता के बिना, छोटी-छोटी इच्छाएँ भी बोझ बन जाती हैं, और जीवन अपनी सहजता और संतुष्टि खो देता है। इसके अलावा, धन स्थिर नहीं रहता—मुद्रास्फीति और आर्थिक बदलावों के कारण इसके मूल्य में लगातार उतार-चढ़ाव होता रहता है। जो आज पर्याप्त लगता है, कल उसकी क्रय शक्ति कम हो सकती है।

इसलिए, केवल बचत करना ही पर्याप्त नहीं है; बजट, निवेश और सोच-समझकर निर्णय लेने के माध्यम से धन को बढ़ाना भी सीखना चाहिए। वित्तीय साक्षरता यह सुनिश्चित करती है कि धन परिवर्तन के साथ तालमेल बनाए रखे और अपने उद्देश्य की पूर्ति करता रहे।

अंततः, सबसे बड़ी उपलब्धि केवल धन अर्जित करना नहीं, बल्कि उसमें महारत हासिल करना है। वित्तीय जागरूकता मन की शांति लाती है, एक सुरक्षित भविष्य और अपनी शर्तों पर जीने का विश्वास प्रदान करती है। जब आप धन को अपने लिए काम करने देना सीख जाते हैं—बजाय इसके कि वह आपके निर्णयों पर नियंत्रण करे—तो आप सफलता के एक गहरे और अधिक स्थायी रूप को प्राप्त करते हैं।

समझदारी से खर्च करें, समझदारी से निवेश करें, और वित्तीय अनुशासन अपनाएँ; आपका भविष्य का स्वरूप न केवल धन के लिए, बल्कि उस ज्ञान के लिए भी आपको धन्यवाद देगा जिसने इसे बनाए रखा।

अंततः, हमें इस धारणा से मुक्त होना होगा कि पैसा ही सब कुछ है। यह महत्वपूर्ण है, हाँ—लेकिन इसे कभी भी हमारे पूरे अस्तित्व को परिभाषित नहीं करना चाहिए। एक सच्चा समृद्ध समाज वह है जो व्यक्तित्व, रचनात्मकता और भावनात्मक कल्याण को आर्थिक सफलता के समान महत्व देता है।

आइए हम मिलकर एक ऐसे भविष्य का निर्माण करें जहाँ जुनून की खोज वित्तीय दबाव से प्रभावित न हो। जहाँ लोग सपने देखने, सृजन करने और सार्थक जीवन जीने के लिए स्वतंत्र हों। वित्तीय उपलब्धि के साथ-साथ व्यक्तिगत संतुष्टि को सम्मान देने वाली मानसिकता को अपनाकर, हम एक ऐसे विश्व की ओर बढ़ते हैं जो न केवल अधिक समृद्ध है - बल्कि अधिक बुद्धिमान, दयालु और अधिक जीवंत भी है।

17 –खुशी को सफलता के बराबर समझें

"सफलता का अर्थ अंततः अपने जीवन को अपने तरीके से खुशी से व्यतीत करना है।"

सफलता के बारे में सबसे दुखद सच्चाई यह है कि इसे कितनी गहराई से गलत समझा जाता है। हम अक्सर ऐसे लोगों को देखते हैं जो दूसरों की नज़र में तो सफल दिखते हैं—लेकिन अंदर से वे निराशा, खालीपन और शांत दुःख से घिरे रहते हैं। क्यों? क्योंकि हमने सफलता को बाहरी मानकों से मापना सीख लिया है: दूसरों की उम्मीदों पर खरा उतरना, तारीफ़ों के पीछे भागना और सामाजिक जाँच-सूची को पूरा करना।

लेकिन असली सफलता तालियों या अनुमोदन के बारे में नहीं है। यह प्रामाणिकता के बारे में है।

एक सच्चा सफल व्यक्ति वह है जो अपनी शर्तों पर जीवन जीने का साहस करता है—आंतरिक मूल्यों से निर्देशित, बाहरी मान्यता

से नहीं। वे एक ऐसा रास्ता बनाते हैं जो सिर्फ़ उनके रेज़्यूमे को नहीं, बल्कि उनकी आत्मा को दर्शाता है। और ऐसा करने में, उन्हें एक ऐसी खुशी मिलती है जो कोई ट्रॉफी नहीं दे सकती।

मनोविज्ञान के अनुसार, हर इंसान की अंतिम खोज खुशी है। फिर भी, सफलता की तलाश में, हम अक्सर इसे सच्ची खुशी के साथ जोड़ नहीं पाते—एक मौन संघर्ष पैदा करते हैं जो असंतोष और भावनात्मक अशांति को जन्म देता है। जब खुशी नहीं होती, तो सबसे प्रशंसित उपलब्धियाँ भी अपना अर्थ खो देती हैं।

खुशी कोई वस्तु नहीं है—इसे खरीदा, उपहार में या उधार नहीं लिया जा सकता। यह कोई ऐसी चीज़ नहीं है जिसे दूसरे हमें दे सकें, न ही हम बाहरी दुनिया से प्राप्त कर सकें। सच्ची खुशी एक आंतरिक घटना है, एक शांत प्रतिध्वनि जो केवल भीतर से उत्पन्न होती है। यह एक व्यक्तिगत यात्रा है, एक आंतरिक कार्य है जो पूरी तरह से हमारे स्वयं के साथ संबंधों पर निर्भर करता है।

फिर भी, इसकी सरलता के बावजूद, बहुत कम लोग इसे सही मायने में समझ पाते हैं। अधिकांश लोग बाहरी चीज़ों—भौतिक संपत्ति, सामाजिक मान्यता, या रिश्तों—में खुशी की तलाश करते रहते हैं। ये क्षणिक आनंद तो दे सकते हैं, लेकिन इनमें स्थायी आनंद को बनाए रखने की गहराई का अभाव होता है। ये प्रतिबिंब हैं, स्रोत नहीं।

सच तो यह है कि हम पहले से ही खुशी से भरे हुए हैं। यह हमारे भीतर ही रहती है, परिस्थितियों या लोगों से अछूती। लेकिन इसे पाने के लिए, हमें अपने भीतर—अपने सच्चे सार—से फिर से जुड़ना होगा। जब हम बाहर की तलाश करना बंद कर देते हैं और भीतर की ओर सुनना शुरू करते हैं, तभी हम उस खुशी को खोज पाते हैं जो हमेशा से हमारी थी।

"खुशी तक पहुँचा नहीं जा सकता, उसे हासिल नहीं किया जा सकता, अर्जित नहीं किया जा सकता, पहना नहीं जा सकता या उसका उपभोग नहीं किया जा सकता। खुशी हर पल को प्रेम, अनुग्रह और कृतज्ञता के साथ जीने का आध्यात्मिक अनुभव है। - डेनिस वेटली"

सफलता और पूर्णता के बीच यह विसंगति केवल एक व्यक्तिगत दुविधा नहीं है—यह एक सामाजिक पैटर्न है जिस पर ध्यान देने की आवश्यकता है। आनंद के बिना, भावनात्मक प्रतिध्वनि के बिना जीया गया जीवन वास्तव में जिया ही नहीं जाता। यह उपस्थिति के बिना एक प्रदर्शन, आत्मा के बिना एक यात्रा बन जाता है।

सार्थक जीवन जीने के लिए, हमें सफलता को पुनर्परिभाषित करना होगा—प्रशंसा या संपत्ति से चिह्नित एक मंजिल के रूप में नहीं, बल्कि एक ऐसी स्थिति के रूप में जहाँ आंतरिक शांति और उद्देश्य एक साथ मौजूद हों। तभी खुशी केवल एक क्षणभंगुर भावना नहीं, बल्कि एक स्थायी अनुभव बन सकती है।

जीवन में हम सब कुछ नहीं पा सकते—और यह बिल्कुल स्वाभाविक है। महान उपलब्धियों के लिए समय, धैर्य और उपस्थिति की आवश्यकता होती है। जब हम जल्दबाजी करते हैं, तो हम गलतियों, गलतफहमियों और भावनात्मक उथल-पुथल को आमंत्रित करते हैं। सफल होने की अपनी जल्दबाजी में, हम अक्सर गहरे उद्देश्य को भूल जाते हैं: खुशी।

फिर भी, आज कई लोग ग़लत जगहों पर खुशी ढूँढ़ते हैं—प्रतिस्पर्धा, तुलना और बाहरी मान्यता के ज़रिए। ज़िंदगी एक युद्धक्षेत्र बन गई है, ज़िंदा रहने का नहीं, बल्कि अहंकार का। हम

अपनी क़ीमत दूसरों की प्रतिक्रियाओं, संपत्ति और उपलब्धियों से नापते हैं, यह भूल जाते हैं कि संतुष्टि एक आंतरिक यात्रा है।

हम विलासिता—गैजेट्स, कार, घर—के पीछे आराम के लिए नहीं, बल्कि प्रभावित करने के लिए भागते हैं। ऐसा करके, हम प्रामाणिकता को स्वीकृति के लिए बदल देते हैं। लेकिन सच्ची खुशी प्रभाव से नहीं; यह आंतरिक संरेखण से आती है।

वास्तव में आनंदमय जीवन जीने के लिए, हमें अपना ध्यान अंतर्मुखी करना होगा। हम जो कर सकते हैं उसे बेहतर बनाएँ, जो हमारे पास है उसे अपनाएँ, और अपने रास्ते की तुलना किसी और के रास्ते से करना बंद करें। जिस क्षण हम अपने जीवन को दूसरों के साथ नापना बंद कर देते हैं, हम असली सफलता का अनुभव करना शुरू कर देते हैं—एक ऐसी सफलता जो शांतिपूर्ण, उद्देश्यपूर्ण और स्वतंत्र महसूस कराती है।

जो दूसरों के लिए सही है, वह आपके लिए सही नहीं हो सकता—इसलिए कभी भी किसी और के रास्ते को अपनी आत्मा पर थोपें नहीं। ज़िंदगी कोई नमूना नहीं है जिसकी नकल की जाए; यह एक कैनवास है जिसे अपने रंगों से रंगना है। आप एक स्वतंत्र पक्षी हैं, जो अपेक्षाओं के पिंजरे में नहीं बंधे हैं, बल्कि अपनी पसंद की मंजिल की ओर उड़ रहे हैं।

अंततः, इससे कोई फ़र्क़ नहीं पड़ेगा कि हमारे पास कितना कुछ था, हमने कितनी उपाधियाँ अर्जित कीं, या दूसरे हमें किस नज़र से देखते हैं। असल में मायने यह रखेगा कि हमने खुशी, प्रामाणिकता और शांति के साथ जिया या नहीं। एक अच्छी ज़िंदगी का पैमाना संपत्ति से नहीं, बल्कि हमारे पलों में खुशी की मौजूदगी से होता है।

आज, ऐसा लगता है कि खुश दिखने की होड़ ने खुश रहने की चाहत को पीछे छोड़ दिया है। सोशल मीडिया चुनिंदा मुस्कुराहटों,

ग्लैमरस पलों और खुशी के इज़हारों से भरा पड़ा है—हर पोस्ट एक सूक्ष्म प्रदर्शन है, हर तस्वीर एक बनावटी भ्रम।

लेकिन सच्ची खुशी शांत होती है। इसे किसी कैप्शन, फ़िल्टर या दर्शकों की ज़रूरत नहीं होती। यह एक एहसास है, दिखावा नहीं। तो फिर, हम इतनी निजी चीज़ के इर्द-गिर्द इतना दिखावा क्यों देखते हैं?

इसका जवाब आसान है, फिर भी गहरा है: हममें से कई लोग अंदर ही अंदर एक खालीपन महसूस करते हैं। हम जानते हैं कि हम सचमुच खुश नहीं हैं, लेकिन उस सच्चाई का सामना करने के बजाय, हम उसे दिखावे से छिपाते हैं। हम दिखावा करते हैं—इस उम्मीद में कि अगर हम काफ़ी खुश दिखेंगे, तो शायद हम उसे महसूस भी कर पाएँ।

लेकिन खुशी को बनावटी रूप से अस्तित्व में नहीं लाया जा सकता। इसे भीतर से, प्रामाणिकता, उपस्थिति और भावनात्मक ईमानदारी के माध्यम से पोषित किया जाना चाहिए। जब तक हम प्रदर्शन करना बंद नहीं करते और जीना शुरू नहीं करते, तब तक खुशी हमारी पहुँच से बाहर ही रहेगी।

सोशल मीडिया ने लोगों को अपने जीवन की चुनिंदा झलकियों के माध्यम से जुड़ने, अभिव्यक्त करने और प्रभावित करने का अधिकार दिया है—चाहे वह तस्वीरें हों, पोस्ट हों या वीडियो। कई लोग प्रभावशाली व्यक्ति के रूप में प्रसिद्ध हुए हैं, अच्छी-खासी कमाई और प्रशंसा अर्जित की है। लेकिन चमकदार फ़िल्टर और वायरल सामग्री के पीछे एक सावधानीपूर्वक गढ़ी गई वास्तविकता छिपी है—जो प्रभावित करने के लिए बनाई गई है, ज़रूरी नहीं कि सच्चाई को प्रतिबिंबित करे।

आज के युवाओं को खुशी को भौतिक संपत्ति से जोड़ने के लिए तैयार किया जा रहा है: महंगे गैजेट, डिज़ाइनर कपड़े, लग्ज़री कारें

और कॉर्पोरेट उपाधियाँ। उन्हें विज्ञापनों, प्रभावशाली लोगों और सामाजिक दबाव के माध्यम से बताया जाता है कि इन चीज़ों के मालिक होने से संतुष्टि मिलेगी। लेकिन यह विश्वास अनुभव से पैदा नहीं होता; यह आरोपित होता है।

और इसके परिणाम दिल दहला देने वाले होते हैं। हम देखते हैं कि हर कल्पनीय सुख-सुविधाओं—धन, प्रसिद्धि, रुतबा—के बावजूद भी लोग अवसाद, चिंता और यहाँ तक कि आत्महत्या के विचारों से जूझ रहे हैं। क्यों? क्योंकि वे खुशी उन जगहों पर ढूँढ़ रहे हैं जहाँ वह है ही नहीं।

पैसा निस्संदेह महत्वपूर्ण है—यह सुरक्षा, विकल्प और आराम प्रदान करता है। लेकिन इससे मिलने वाली खुशी अक्सर क्षणभंगुर होती है। आज आप जो नया फ़ोन या कार खरीदते हैं, वह कल पुराना हो जाएगा। अगर आपकी खुशी चलन से जुड़ी है, तो आप अपना जीवन भ्रमों के पीछे भागते हुए बिताएँगे और अधूरी लालसाओं से भरे दिल के साथ मरेंगे।

सच्ची खुशी आंतरिक होती है। इसे मान्यता, प्रशंसा या प्रदर्शन की ज़रूरत नहीं होती। जब आप सचमुच खुश होते हैं, तो आपको इसे दूसरों के सामने साबित करने की ज़रूरत नहीं होती—आप बस इसे जीते हैं। लेकिन आज, बहुत से लोग इनकार में जी रहे हैं, अपनी खालीपन को मुस्कुराहट और स्टेटस अपडेट के पीछे छिपा रहे हैं, यहाँ तक कि अपनी आत्मा से भी झूठ बोल रहे हैं।

जीवन में असली जीत दुनिया को प्रभावित करने में नहीं, बल्कि खुद के साथ ईमानदार होने में है। क्योंकि आपका आंतरिक स्व ही वह साथी है जो आपको कभी नहीं छोड़ता। आप दूसरों को बेवकूफ़ बना सकते हैं, लेकिन आप उसे बेवकूफ़ नहीं बना सकते जो आपका हर सच जानता है।

मेरे विचार से, सच्ची सफलता उपाधियों, धन या प्रशंसा से नहीं—यह खुशी से मापी जाती है। क्योंकि हर इंसानी कोशिश के मूल में एक ही, सार्वभौमिक इच्छा होती है: सच्ची खुशी महसूस करना।

फिर भी, सभी सांसारिक सफलताएँ खुशी की ओर नहीं ले जातीं। लोग बड़ी-बड़ी उपलब्धियाँ हासिल कर सकते हैं, लेकिन फिर भी अंदर से खालीपन महसूस करते हैं। हालाँकि, इसका उल्टा हमेशा सच होता है—अगर आप सचमुच खुश हैं, तो आपने जीवन की सबसे बड़ी सफलता पहले ही हासिल कर ली है।

खुशी ही सबसे बड़ी कसौटी है। यह आंतरिक शांति, भावनात्मक संतुष्टि और अपने सच्चे स्वरूप के साथ एकरूपता को दर्शाती है। और जब आपके पास यह होता है, तो किसी बाहरी मान्यता की आवश्यकता नहीं होती—आप पहले से ही गहन सफलता का जीवन जी रहे होते हैं।

समापन विचार

मुझे पूरी उम्मीद है कि यह किताब उस उद्देश्य को पूरा करेगी जिसके लिए मैंने इसे लिखा है। सफलता हमारे जीवन में एक महत्वपूर्ण भूमिका निभाती है, फिर भी हम अक्सर इसके असली सार को समझ नहीं पाते। अपना रास्ता खुद बनाने के बजाय, हममें से कई लोग आँख मूँदकर दूसरों का अनुसरण करते हैं या किसी और की उपलब्धियों की नकल करने की कोशिश करते हैं। हम बाहरी मान्यता पर ज़रूरत से ज़्यादा निर्भर हो जाते हैं—अपनी जीत और असफलताओं को परिभाषित करने के लिए दूसरों से स्वीकृति चाहते हैं। यह मानसिकता हमसे नियंत्रण छीन लेती है, और हमारे आत्म-मूल्य को बदलती राय के भरोसे छोड़ देती है।

ऐसा दबाव लोगों को गलत फैसले लेने के लिए प्रेरित करता है, और अंततः उन्हें ऐसी परिस्थितियों में फँसा देता है जो खोखली और उनके वास्तविक स्वरूप से मेल नहीं खातीं।

मान्यता की तलाश में, हम सच्ची सफलता को भूल जाते हैं—वह सफलता जो आंतरिक संतुष्टि और स्थायी शांति लाती है। ऐसे

अनगिनत लोग हैं जिन्हें समाज सफल मानता है, फिर भी वे चुपचाप निराशा, खालीपन और निराशा से जूझते हैं।

इस किताब के साथ, मैं पाठकों को अपने जीवन को इस तरह से पुनर्व्यवस्थित करने के लिए आमंत्रित करना चाहता हूँ कि उनकी आंतरिक संतुष्टि और बाहरी उपलब्धियाँ एक हो जाएँ। केवल जब आंतरिक स्व और बाहरी वास्तविकता का सामंजस्य हो, तभी सफलता को वास्तव में पूर्ण कहा जा सकता है।

दूसरी ओर, हम ऐसे समाज का निर्माण कर रहे हैं जो ऐसे व्यक्तियों से भरा है जो अपनी नौकरियों और करियर में सफल तो दिखते हैं, लेकिन जीवन के अन्य क्षेत्रों में गहरा संघर्ष करते हैं। यह असंतुलन बेहद चिंताजनक है, क्योंकि यह नाज़ुकता और भावनात्मक भेद्यता को जन्म देता है। जब व्यक्तिगत विकास, भावनात्मक स्वास्थ्य और सार्थक रिश्तों की उपेक्षा की जाती है, तो हम एक ऐसी पीढ़ी का निर्माण करते हैं जो पेशेवर रूप से तो फल-फूल सकती है, लेकिन व्यक्तिगत रूप से लड़खड़ा जाती है।

इस असंतुलन का एक सबसे चिंताजनक संकेत आत्महत्याओं की बढ़ती दर है। दुखद बात यह है कि ऐसे अपरिवर्तनीय कदम उठाने वालों में से कई को अक्सर सामाजिक मानकों के अनुसार "बेहद सफल" माना जाता है।

तो इस आंतरिक निराशा का कारण क्या है?

इसका उत्तर सरल और गहरा दोनों है: वे वास्तविक सफलता से कटे हुए हैं—वह सफलता जो सार्वजनिक प्रशंसा से परे आंतरिक शांति, भावनात्मक स्थिरता और उद्देश्य की भावना को पोषित करती है। केवल बाहरी उपलब्धियाँ आंतरिक घावों को नहीं

भर सकतीं। सच्ची सफलता भीतर से प्रतिध्वनित होनी चाहिए।

एक बेहतर दुनिया का निर्माण केवल वही व्यक्ति कर सकते हैं जो गहराई से खुश और आंतरिक रूप से संतुष्ट हों। जब आंतरिक शक्ति और भावनात्मक लचीलापन हमारे जीवन का आधार बन जाते हैं, तो सामाजिक प्रगति न केवल मापने योग्य होती है, बल्कि सार्थक भी हो जाती है।

कुछ लोगों की सफलताओं या असफलताओं पर ध्यान केंद्रित करने के बजाय, हमारा सामूहिक ध्यान प्रत्येक व्यक्ति के आंतरिक धैर्य को पोषित करने पर होना चाहिए। खुशी और संतुष्टि बाहरी उपलब्धियों के उपोत्पाद नहीं हैं—वे तब पनपते हैं जब लोग भावनात्मक रूप से सशक्त और आध्यात्मिक रूप से जुड़े होते हैं।

यही कारण है कि इस पुस्तक में बताए गए कौशलों को विकसित करना महत्वपूर्ण है—केवल सफलता प्राप्त करने के लिए नहीं, बल्कि संपूर्ण मानव बनने के लिए। करुणा, आत्म-जागरूकता, सत्यनिष्ठा और भावनात्मक बुद्धिमत्ता व्यक्तिगत विकास के सच्चे आधार हैं। इन गुणों पर आधारित सफलता व्यक्तिगत लाभ से कहीं आगे तक प्रभाव डालती है।

लेखक के बारे में

मैं एक अनुभवी डिजिटल कंटेंट क्रिएटर, पेशेवर लेखक, शिक्षक, फ़ोटोग्राफ़र, ग्राफ़िक डिज़ाइनर और मार्केटिंग कंसल्टेंट हूँ, जिसके पास 22 वर्षों से ज़्यादा का बहु-विषयक अनुभव है। प्रेरक विषयों, सामाजिक मुद्दों, शिक्षा, चुनाव और जीवन पर लेखन मेरे शौक़ों में शामिल है। ब्लॉग, फ्रीलांस प्लेटफ़ॉर्म और सोशल मीडिया पर प्रकाशित लाखों शब्दों के साथ, मैं हर प्रोजेक्ट में रचनात्मकता, स्पष्टता और उद्देश्य लाता हूँ। लेखन सिर्फ़ मेरा पेशा नहीं है—यह मेरा जुनून है, मेरा उद्देश्य है, और यही वजह है कि मैं आज जो हूँ, वो हूँ।

"जैसे हर इंसान की एक आत्मा होती है, वैसे ही हर अच्छी तरह से लिखा गया लेख अपनी आत्मा रखता है—और उस आत्मा में कई दिलों को छूने की शक्ति होती है।" — अरविंद कटोच

मेरी यात्रा 2003 में EzineArticles.com जैसे मुफ़्त प्लेटफ़ॉर्म पर योगदान के साथ शुरू हुई। तब से, मैंने www.thoughtsofanordinaryman.com और kgw.arvindkatoch.com जैसे ब्लॉग्स के माध्यम से अपनी खुद

की सामग्री की दुनिया बनाई है, विचारों को प्रभावशाली कहानियों में बदला है जो दुनिया भर के पाठकों के साथ जुड़ती हैं।

मेरी पूर्व प्रकाशित पुस्तकें हैं: "भीख मांगने के धंधे की छिपी कहानी", "फूलों की अद्भुत दुनिया" और "दैनिक उद्धरण और हिंदी विचार" पर कुछ पुस्तकें।

www.ingramcontent.com/pod-product-compliance
Lightning Source LLC
LaVergne TN
LVHW100318210926
848480LV00003B/1167
9798900239651